大都市災害と防災福祉コミュニティ

東京圏、大阪圏、名古屋圏

川村 匡由 著

大学教育出版

はじめに

江戸時代中期の浅間山の「天明の大噴火」被災地の生存者の自助や互助、周辺の村の名主の共助および地元の藩や幕府の公助を教訓に、現代における防災福祉コミュニティの形成の意義について、2016（平成28）年12月、『地域福祉源流の真実と防災福祉コミュニティ』（大学教育出版）、また、これを受け、明治から現代までの被災地の復興およびその発展を教訓に、農山村や漁村など地方における災害対策のため、防災福祉コミュニティの形成の必要性について、2年後の2018（平成30）年4月、『地方災害と防災福祉コミュニティ』をそれぞれ上梓した。その結果、首都直下地震や南海トラフ巨大地震などが懸念されている東京、大阪、名古屋の三大都市圏における災害対策としての防災福祉コミュニティの形成の必要性についても提起してほしい、とのご要望を各界の関係者からいただいた。

そこで、防災福祉コミュニティ形成の三部作の完結編として続刊したのがこの『大都市災害と防災福祉コミュニティ』である。

具体的には、平成になって北海道南西沖地震をはじめ、阪神・淡路大震災（兵庫県南部地震）

や新潟県中越地震、能登半島地震、新潟県中越沖地震、東日本大震災（東北地方太平洋沖地震）および東京電力福島第一原子力発電所事故、熊本地震、果ては御嶽山《おんたけさん》や箱根山、草津白根山（本《もと》白根山）、霧島山（硫黄山）などの噴火と立て続きに災害が相次いでいるが、大都市は地方と違い、人口が圧倒的に多いうえ、政治・経済・社会の機能が集中しているため、ひとたびこのような大規模災害が発生すれば甚大な被害を受け、日本の政治・経済・社会全体の機能が不全となり、〝日本沈没〟のおそれもある。なぜなら、阪神・淡路大震災や関東大震災（関東大正地震）、伊勢湾台風を思い起こせば明白だからである。

そこで、本書ではこの三大都市圏にスポットを当て、それぞれの地勢や政治・経済・社会、過去の災害と今後、想定されている災害とその対策について述べた。そして、終章で「大都市災害と防災福祉コミュニティ」と題し、これら大都市の持続可能性や地域福祉と地域防災の融合、さらには防災福祉コミュニティの形成について述べたほか、２０２０年の東京五輪の開催中、懸念される東京圏や周辺の原発をねらったテロリズム（テロ）の懸念など各種事件・事故や有事への対策についても言及した。

なお、防災福祉先進国・スイスの最新事情は既刊の『防災福祉のまちづくり』（水曜社）や『脱・限界集落はスイスに学べ』（農文協）、『避難所づくりに活かす18の視点（共著）』（東京法規出版）を併読され、参考にしていただければ幸いである。

いずれにしても、調査にご協力いただいた東京都、大阪市、名古屋市をはじめ、各社会福祉協議会（社協）、および前二書に引き続きお世話になった大学教育出版社長の佐藤守、編集部の社彩香両氏に対し、貴重な紙面をお借りして深く感謝したい。

2018（平成30）年初夏

川村匡由

大都市災害と防災福祉コミュニティ

―東京圏、大阪圏、名古屋圏―

目次

第１章

大都市災害と地方災害

1．大都市の概念

『大辞林（第三版）』（三省堂）によると、大都市とは「人口が多く、経済・文化・政治などの活動が活発な都市」と定義されているが、総務省は２００７（平成19）年に制定された統計法にもとづき、５年に１回行っている国勢調査のなかで具体的に東京都区部および政令指定都市としている。

このうち、東京都区部は１９４７（昭和22）年、それまでの35区が23区に再編され、現在に至っており、地方自治に関わる事務について市に準じた権能を持つ特別地方公共団体①となっている。政令指定都市の行政区と区別するため、一般に「東京特別区」といわれるのはこのような意味合いからである。

一方、政令指定都市とは政令によって指定された人口50万人以上の市をいい、２０１８（平成30）年５月現在、札幌、仙台、さいたま、千葉、横浜、川崎、相模原、新潟、静岡、浜松、名古屋、京都、大阪、堺、神戸、岡山、広島、北九州、福岡、熊本の計20市となっている。もっとも、さいたま、相模原市、静岡、浜松、堺、新潟、岡山は「平成の大合併」②の際、周辺の市町村を編入合併し、急ごしらえをしたため、さいたま市を除けばいずれも人口は１０００万人

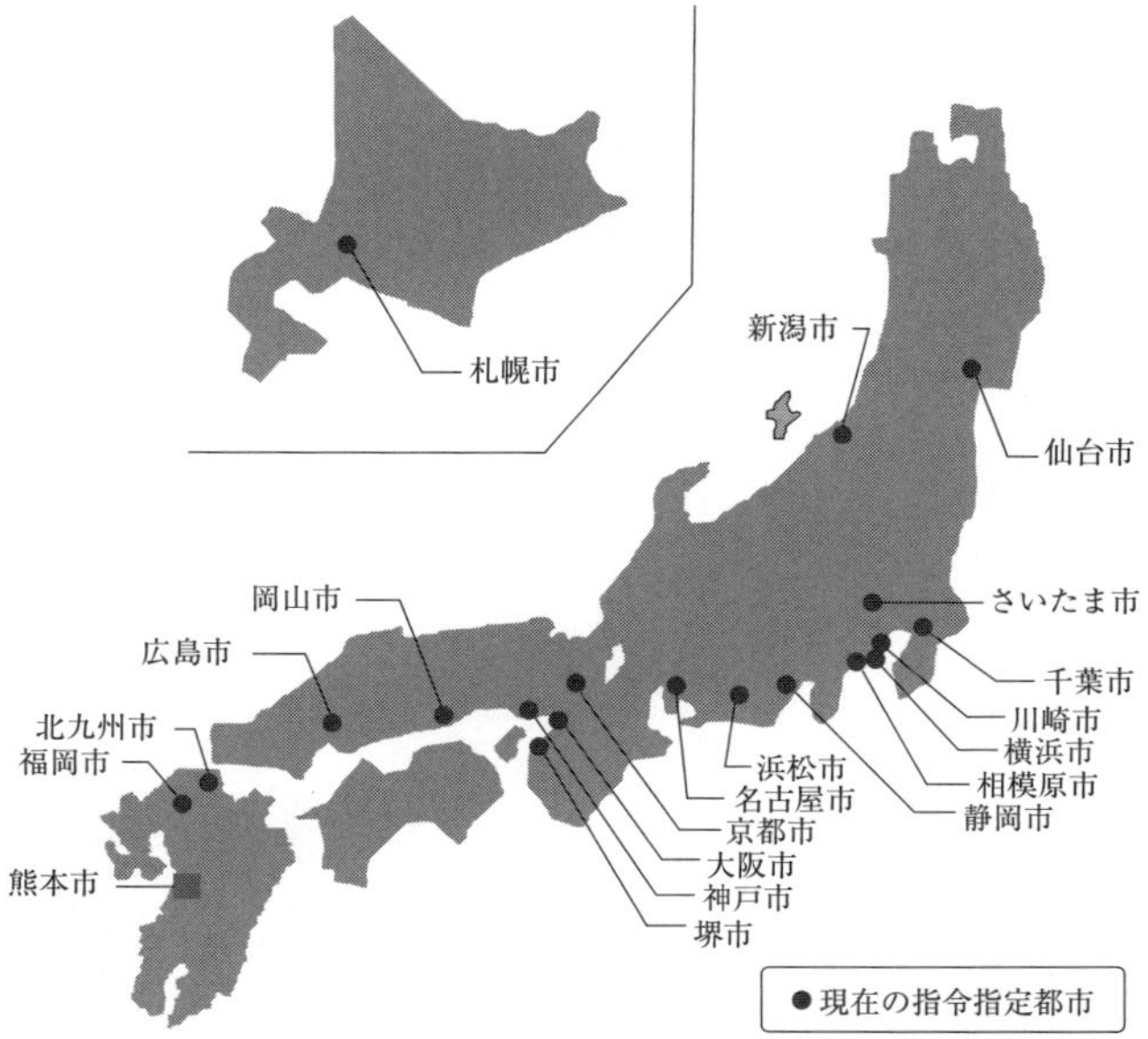

●政令指定都市の一覧

指定都市名	指定年月日	人口（千人）
大阪市	昭和 31 年 9 月 1 日	2,629
名古屋市	〃	2,215
京都市	〃	1,475
横浜市	〃	3,580
神戸市	〃	1,525
北九州市	昭和 38 年 4 月 1 日	994
札幌市	昭和 47 年 4 月 1 日	1,881
川崎市	〃	1,327
福岡市	〃	1,401
広島市	昭和 55 年 4 月 1 日	1,154

指定都市名	指定年月日	人口（千人）
仙台市	平成 元 年 4 月 1 日	1,025
千葉市	平成 4 年 4 月 1 日	924
さいたま市	平成 15 年 4 月 1 日	1,176
静岡市	平成 17 年 4 月 1 日	723
堺市	平成 18 年 4 月 1 日	831
浜松市	平成 19 年 4 月 1 日	804
新潟市	平成 19 年 4 月 1 日	814
岡山市	平成 21 年 4 月 1 日	696
相模原市	平成 22 年 4 月 1 日	702

人口は平成 17 年国勢調査を基に作成しています。

図 1-1　政令指定都市の分布

出典：熊本県 HP、2017 年。

未満となっている（図1‐1、写真1‐1）。

これらの大都市の大半は第二次世界大戦（アジア太平洋戦争）により、連合国軍、とりわけ、アメリカ軍の大型戦略爆撃機「B‐29」の焼《しょう》夷《い》弾による爆撃や原子爆弾（原爆）の投下を受け、軍需産業の工場や軍用機の基地、軍港および周辺の市街地が一面、焼け野原と化した。その最たる被災地が長崎市とともに原爆が投下された広島市である（写真1‐2）。

しかし、その後の戦災復興や朝鮮特需(3)、公共投資、国民の勤労などの結果、諸外国から奇跡といわれるほど短期間に高度経済成長を遂げ、GDP

写真 1-1　「平成の大合併」で政令指定都市となった岡山市
（岡山市役所にて）

写真 1-2　大都市のなかで唯一、原爆が投下された広島市
（広島市の原爆ドームにて）

（国内総生産）がアメリカに次いで世界第二位[4]となるなど日本の政治・経済は大きく飛躍した。なかでも明治から戦前にかけ、各種機械や紡績、陶磁器、鉄鋼業を中心とした京浜、阪神、中京の各工業地帯が石油化学や自動車産業などを中心に再生する一方、新たに瀬戸内や京葉《けいよう》、東海などにも工業地帯を形成し、今日に至っている。

　また、長い歴史と伝統を引き継ぐ京都市は空襲や原爆の標的から逃れ、国内きっての文教都市として世界に名を馳《は》せ、１９５８（昭和33）年、フランスのパリと友情盟約[5]を結ぶなど国際観光都市として君臨し、内外から多くの観光客が訪れている（写真１－３）。

いずれにしても、このような大都市は通常、都道府県が処理するとされる都市計画や高齢者、障害者(6)、児童、貧困者などを対象とする社会保障に関する事務などの全部、または一部を特例として処理することができることになっている。

写真 1-3　歴史と伝統の文教都市・京都市（JR 京都駅前にて）

2．三大都市圏の特徴

とりわけ、東京、大阪、名古屋の三大都市圏は昭和60年代から元号が平成に変わった現代にかけ、鉄道や道路、橋《きょう》梁《りょう》、トンネル、空港、港湾などのインフラストラクチャー（インフラ）、および電気やガス、上下水道などのライフラインが大幅に整備・拡充された。その結果、これらの三大都市圏に地方の企業が集積するとともに、若者が大学への進学や大企業などへの就職のため、大量に流入し、２０５０年には総人口の５６・７％に達する見通しである。

このうち、東京圏は総人口の約３分の１に当たる同３２・５％を占めると推計され、東京一極集中がさらに加速化し、すでに世界最大都市（メガシティ）となっている東京はますますその傾向を強くしている（写真１-４）。また、大阪、名古屋圏もこれに追従し、やはり人口の増加が顕著となると推計されている。[7]

これに対し、この三大都市圏以外の地方は2005（平成17）年には総人口の49・8％に当たるものの、2050年には同43・3％に急減すると見込まれている（図1-2）。

しかし、このような人口動態も今後、2065年をピークに日本全体では少子高齢化の半面、秋田や青森、高知をはじめ、東北や四国、中国地方など計40都道府県は人口減少が顕著になると推計されている。とくに福島をはじめ、宮城、茨城、栃木、千葉県などは東日本大震災および東京電力福島第一原発事故による津波災害や高レベル放射性物質の拡散による被曝《ひばく》への恐怖、メルトダウン（炉心溶融）に伴って

写真 1-4　世界最大都市の東京（北区王子にて）

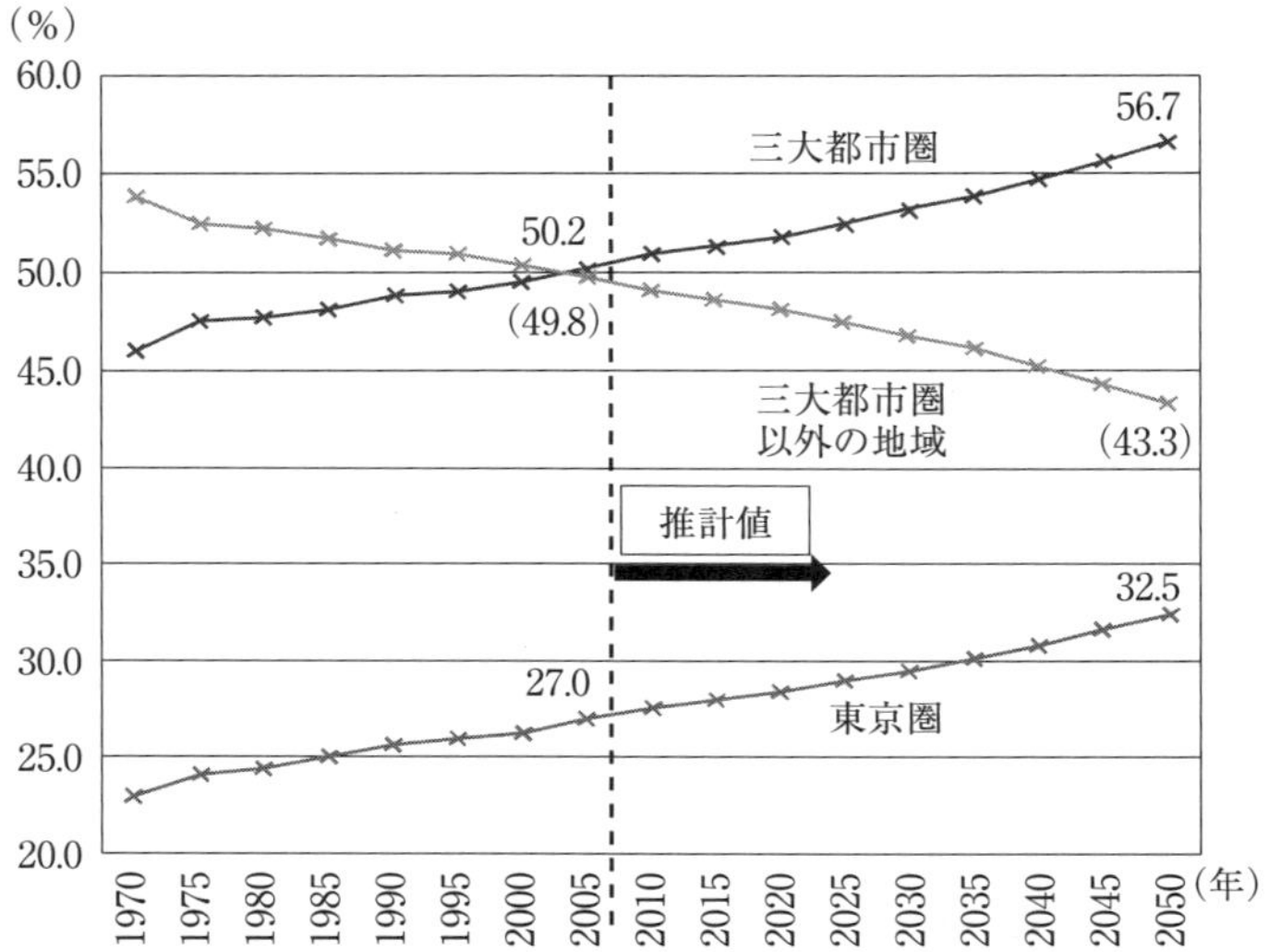

図 1-2　三大都市圏および東京圏の人口が総人口に占める割合
出典：総務省 HP、2017 年

溶け落ちた核燃料（デブリ）の取り出しや原子炉建屋の解体などの廃炉作業の困難さにより、被災から7年経った2018（平成30）年3月現在、計約7万3000人もの被災者が各地に避難を余儀なくされているため[8]、人口の流出に歯止めがかからず、地方の過疎化や少子高齢化がさらに進むと予測されている（図1-3）。

このようななか、定年退職後、老親《ろうしん》の介護や自給自足の生活を楽しむため、帰郷したり、雇用先を中途退職したりする中高年世代が増えつつあることも確かである。また、人口過密や人間疎外、〝コンクリートジャングル〟のなかでの就業やこれ

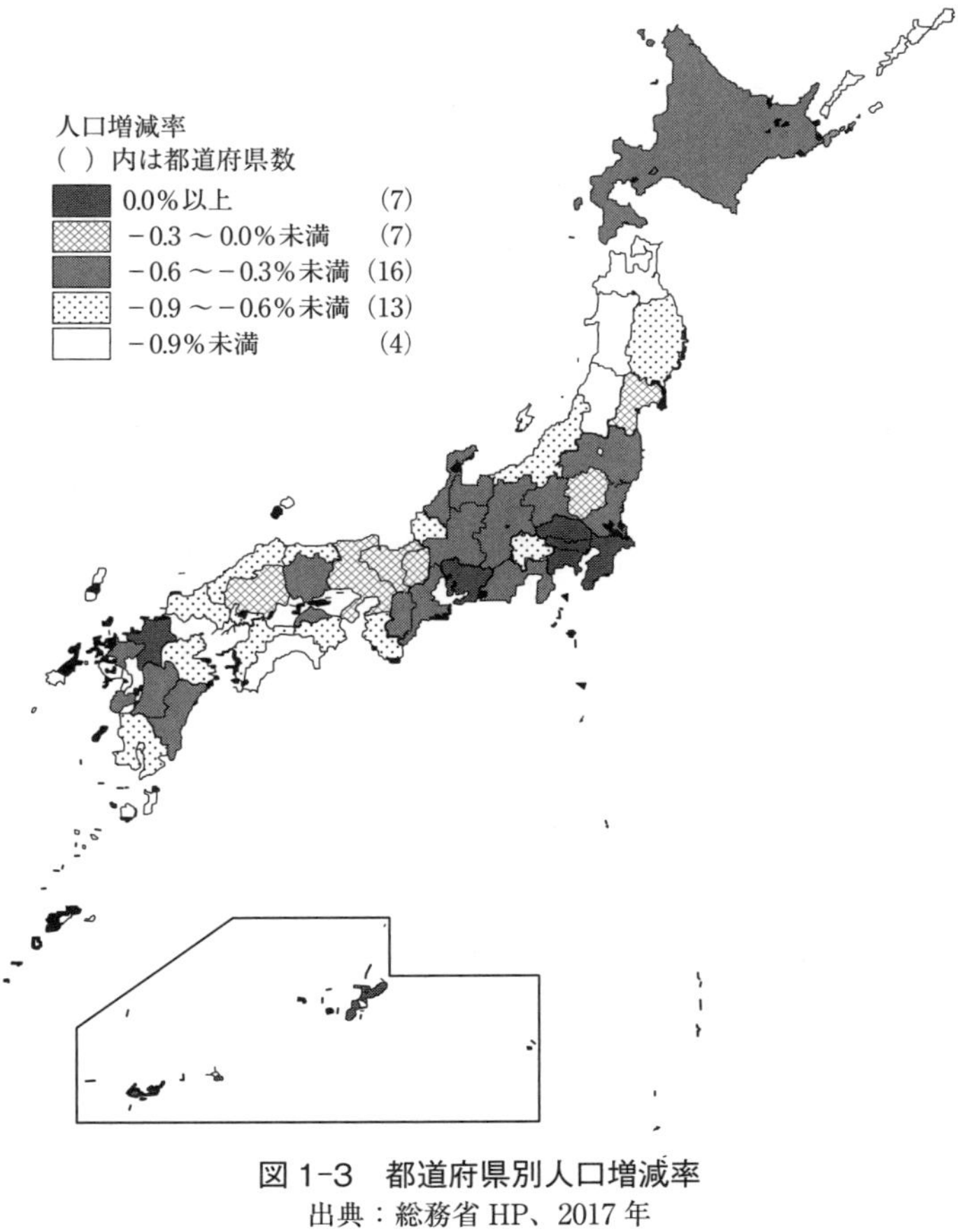

図1-3　都道府県別人口増減率
出典：総務省 HP、2017 年

までのライフスタイルに疑問を抱き、就農や観光業、ＩＣＴ（情報通信技術）のスキルを生かして地方に移住、地域活性化に一役買っている現役世代や若年世代も少なくない。

しかし、全体的には東京を中心とした大都市への人口集中の半面、地方の過疎化や少子高齢および人口減少がますます顕著になり、限界集落[9]や限界自治体がさらに増えることは避けられない情勢である。

3．大都市災害と防災福祉コミュニティ

このような人口動態と災害の関係を考えると、地方は農山村や漁村、あるいは人口が数万人から数十万人の中核市[10]、あるいは多くてもせいぜい数百万人の政令指定都市にとどまるため、東日本大震災および東京電力福島第一原子力発電所事故などの地震や津波、原子力災害などの「広域災害」を除けばそれほど大規模災害にはならない。

これに対し、大都市はひとたび地震やこれに伴う津波、豪雨や台風、河川の氾濫《はんらん》、洪水などの風水害、周辺の火山噴火や原子力災害が起これば湾岸地区などの津波や埋立地の液状化、低地の浸水、超高層のオフィスビルやタワーマンション（タワマン）の不等沈下、長周期地震動、石油コンビナートの火災・爆発、老朽化した木造住宅の密集地（木密）での火災、地下街

の水害、流域河川の氾濫や洪水、さらには新幹線や在来線、地下鉄の脱線・転覆、大量の帰宅難民による混乱など大規模災害となる。まして被災地が首都・東京の場合、日本の政治・経済・社会全体の機能を根底から不全とさせ、〝日本沈没[11]〟ともなりかねない。

また、大都市は地方と異なり、インフラやライフラインは整備・拡充しているものの、食料や飲料水などは地方の生産地に依存しているうえ、繁華街や官公庁、団地、公園、レジャー施設などを除けば道路が狭く、かつ電柱が林立し、パトロールカー（パトカー）や救急車、消防車など緊急車両が出動できない路地が無数にある。そのうえ、新旧の住民が混在し、かつ昼間人口に対し、夜間人口が少ないため、コミュニティが崩壊しているのが大半である。

したがって、平常時、通勤や通学、買い物、通院などは至って便利なものの、万一、災害に見舞われれば住民の自助や互助など望むべくもない。1995（平成7）年の阪神・淡路大震災の死者約6500人のうち、神戸市の死者は同2500人に上ったのも人々の絆が薄かったため、多くの犠牲者を出した要因の一つでもあった。その意味で、限界集落は地方だけでなく、大都市も同様の問題があるといってもよいのではないか。

現に、都道府県別の昼夜間人口比率、すなわち、常住人口100人当たりの昼間人口の割合は2005（平成17）年では東京都が全国最高の122・0で、以下、大阪府が105・9などと続いており、17都府県で100を超えている。これに対し、東京都や大阪府の周辺の県では埼玉県が86・4、千葉県が87・6、奈良県が87・8などとなっているが、これらの県の多くは都心に通勤、通学する住民のベッドタウンと化しているからである（図1-4）。

このように大都市は地方の少子高齢化や人口減少による過疎化に反して過密化し、かつ昼夜の人口に大きな格差を招いているため、住宅事情の悪化や交通事故、近隣騒音、環境破壊の多発、人間疎外の増幅などが顕著である。また、今後、2050～2065年にかけ、少子高齢化や人口減少に伴い、空き家や〝シャッター通り〟、社会福祉施設や病院の不足などの問題が深刻化し、高齢者は地方へ移住させ、保育所（園）や幼稚園の整備・拡充など子育て支援の方を拡充すべきだなどとの声も上がっている[12]。

しかし、だからといって、戦後の高度経済成長を支えた高齢者に対し、老後は地方に移住、分散させ、医療・介護サービスをやりくりしようとするならあまりにもご都合主義であり、「政治の貧困」を露呈する失礼千万な話ではないか。なぜなら、そのために大都市に在住する住民も地方の住民と同様、社会保障給付費の財源などとして税金や保険料を納め、政府はそれを財源に社会福祉施設や病院などの整備・拡充と必要な人材を養成・確保し、不安のない老後のため、社会保障の充実に取り組むべきであるにもかかわらず、それよりも対米従属の外交のための防衛費の増大や土建型公共事業などに特化した経済政策を優先しているからである。また、大都市は地価や物価が急騰しているため、住宅は先祖代々、地主であったり、よほどの資産

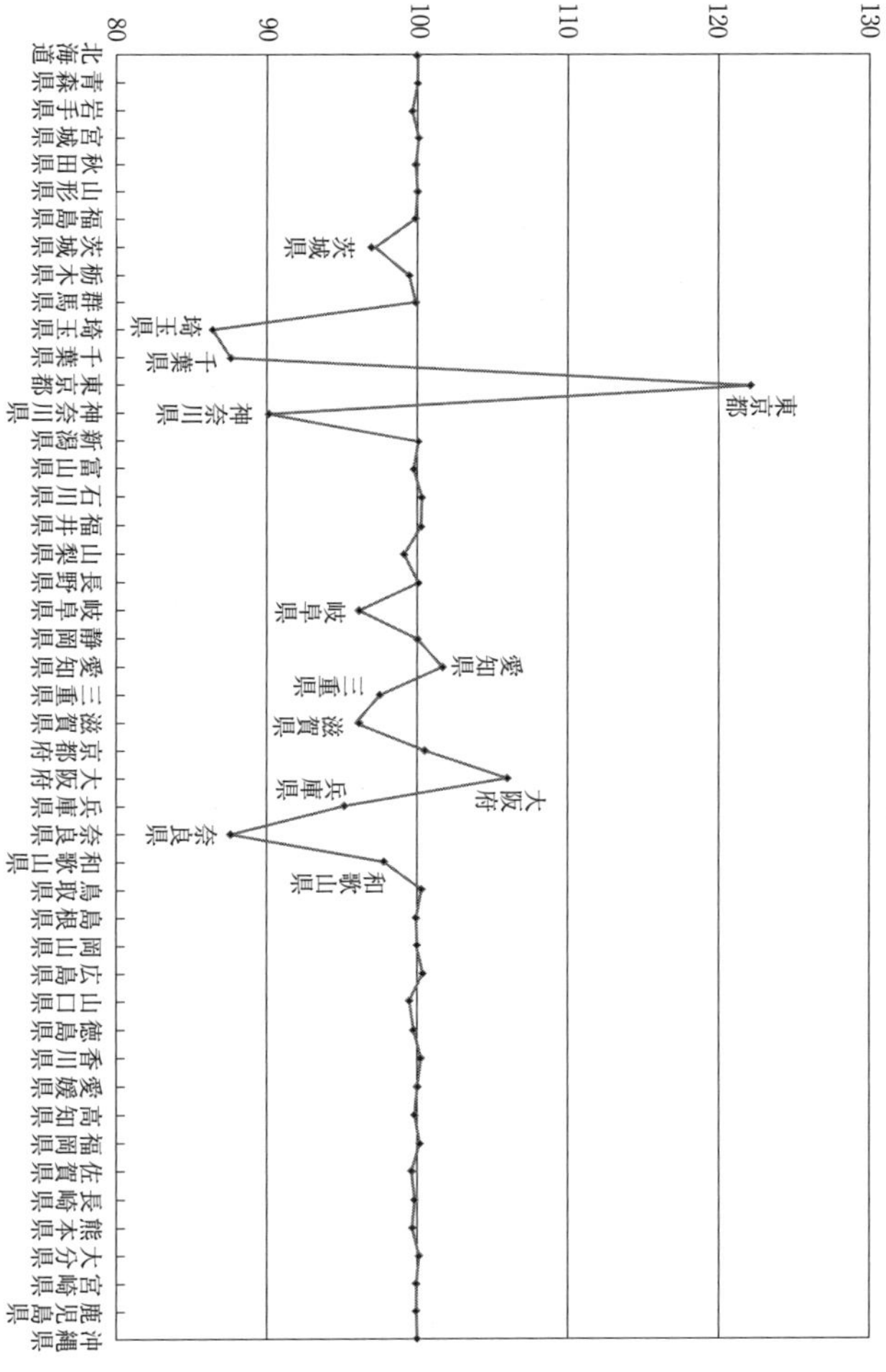

図1-4　都道府県の昼夜間人口比率（平成17年）
出典：総務省HP、2017年

写真 1-5　住民の絆が薄れ、災害時の助け合いが懸念される大都市
（東京都文京区目白台にて）

家や高給取りなどの富裕層でもない限り、戸建て住宅の購入は困難なため、アパートやマンションなど集合住宅に居住せざるを得ない。

また、大都市の人口の高齢化率は地方に比べて低いものの、住民の地域における共同体への意識が希薄なため、地域活動が脆弱《ぜいじゃく》なうえ、高齢者の人数は数万人から数十万人に及ぶため、ひとたび災害に見舞われようものなら多くの人命を失い、地域の絆は壊滅的になるばかりか、日本の政治・経済・社会全体に大きな影響を与える。それは後述する関東大震災や阪神・淡路大震災、伊勢湾台風などこれまで大都市を襲った大規模災害を思い起こせば明らかである。
　なかでも東京を中心とした首都圏は日本の政治・経済・社会全体の機能が集中しているため、今後、30年以内にマグニチュード（M）6・9〜7クラス、震度6強〜7で、かつその可能性が70〜80％ともいわれている首都直下地震などにでも見舞われれば日本の存亡の危機に関わり、諸外国にも大きな影響を与える。それだけに、災害対策にあっては地方とは異なった防災福祉コミュニティの形成を急ぐ必要がある（写真1-5）。

注

（1）地方自治法上、地方公共団体には特別地方公共団体のほか、普通地方公共団体の二つあるが、後者は特定の地域とその地域に居住している住民を基礎としている自治体で、都道府県と区市町村がある。
（2）拙編著『市町村合併と地域福祉』ミネルヴァ書房、2007年。
（3）1950（昭和25）年、ソビエト社会主義共和国連邦（現ロシア連邦）が支援する朝鮮民主主義人民共和国（北朝鮮）とアメリカ合衆国（アメリカ）が支援する大韓民国（韓国）との間で戦争が勃発、アメリカの命令で戦争に必要な軍事物資を大量生産、輸出したのを機に好景気を迎えた。
（4）2010（平成22）年、中華人民共和国（中国）に追い抜かれて第三位となり、現在に至っている。
（5）京都、パリ両市が歴史的な性格と伝統的な文化のうえに立ち、友好的交流により世界平和の基礎を確立することを願い、締結した兄弟的な友情盟約。

（6）障害者を差別するとして「障害」を「障がい」と記述する場合もあるが、本書では障害者総合支援法などの法律名に準じ、あえて「障害」と記す。
（7）国連「The World's cities data bookulet」２０１６年によると、世界第一位は東京で約３８１４万人。二位はインドのデリーで同２６４５万人、三位はメキシコシティで同２４４８万人。
（8）「朝日新聞」２０１８年3月11日付。
（9）拙著『脱・限界集落はスイスに学べ』農文協、２０１６年。
（10）人口が20万人以上の市。なお、かつて中核市は同30万人以上、特例市は同20万人とされていたが、２０１５年、地方自治法の改正に伴って特例市が廃止され、同20万人以上の市はすべて中核市となり、現在に至っている。
（11）小松左京のＳＦ小説『日本沈没』光文社、１９７３年、ベストセラーになり、映画化された。
（12）日本創成会議が２０１４（平成26）年、８９６自治体の消滅可能性を提起した「増田レポート」に関連した提言。

第2章

東京圏

1. 地勢

東京圏は、群馬県最北端の三国山脈《みくに》の一つ、大水上山《おおみかみやま》（標高1831メートル）を水源とする日本三大激流の一つで、国内最長の信濃川に次ぐ「坂東太郎《ばんどう》」こと利根川水系の江戸川、埼玉県の甲武信ヶ岳《こぶしがたけ》（同2200メートル）を水源とした荒川、および山梨県の笠取山（同1953メートル）を水源とする多摩川が東京湾に注ぐ関東平野の中央部にある。

総面積は約1万7000平方キロメートルで1都6県に及び、四国とほぼ同じ広さで国内最大である。このうち、東京都、神奈川、千葉、埼玉県を南関東、茨城、栃木、群馬県を北関東といっているが、東京圏にアクセスがよい甲信越の一つ、山梨県を含め、全体で首都圏という。その中心地、首都・東京の名称は1868（慶応4）年、徳川家康が江戸幕府を開いて江戸を「東の京（京都）」、すなわち、東京と改称したのち、1869（明治2）年、都《みやこ》が京から東京に移されたことに由来する。

ただし、地勢的にはきわめて脆弱で、旧江戸城の皇居（千代田区）以南は古来、海だった。なぜなら、東京圏は新第三紀以来、関東造盆地運動に伴い、平野の中央部を中心に沈降した土砂の堆積による洪積台地や沖積平野（低平地）によって形成されているからである。その後、富士山（同３７７６メートル）や箱根山（同１４３３メートル）、浅間山（同２５６８メートル）、榛名山（同１４９９メートル）、赤城山（同１８２８メートル）、男体山（同２４８６メートル）が噴火し、その際、降り注いだ火山灰の関東ローム層からなる武蔵野台地となっている。

いずれにしても、現在の都区部の大半は江戸時代までは雑木林や畑と湿地帯だった。このため、都区部の西半分と立川、福生《ふっさ》、青梅《おうめ》市の東南部など中部の一部、および埼玉県所沢、入《いる》間《ま》、志木市など同平野の西部と多摩川に挟まれた内陸部は武蔵野台地のため、地盤は比較的強いとされているが、皇居の西側は堀が深くえぐられた急傾斜地となっている。

そこで、豊臣秀吉から「江戸送り」を命じられた家康は周辺の武士や商人、漁師らを江戸市中に集める一方、南西に約１２０キロメートル離れた静岡県伊東市などから江戸城に石を運び入れ、堀を造った。そして、江戸湾（現東京湾）の前島から湾岸にかけ、埋め立てるとともに利根川流域に運河を造り、米を船で運び入れた。

さらに、15キロメートル先の都下の井の頭《かしら》（現武蔵野、三鷹市）から平川（現神田川）を経て飲料水を導入、国内最大の城下町・江戸を造成、秀吉の死後もあって天下統一を遂げた。このため、皇居周辺の日比谷（千代田区）や有楽町、新橋、銀座（港区）などと続くオフィス街や繁華街もすべて低地である（地図2-1）。

また、高さ６３４メートルと世界一の東武鉄道グループの電波塔「東京スカイツリー」や同

（濃い部分は海より低い場所）

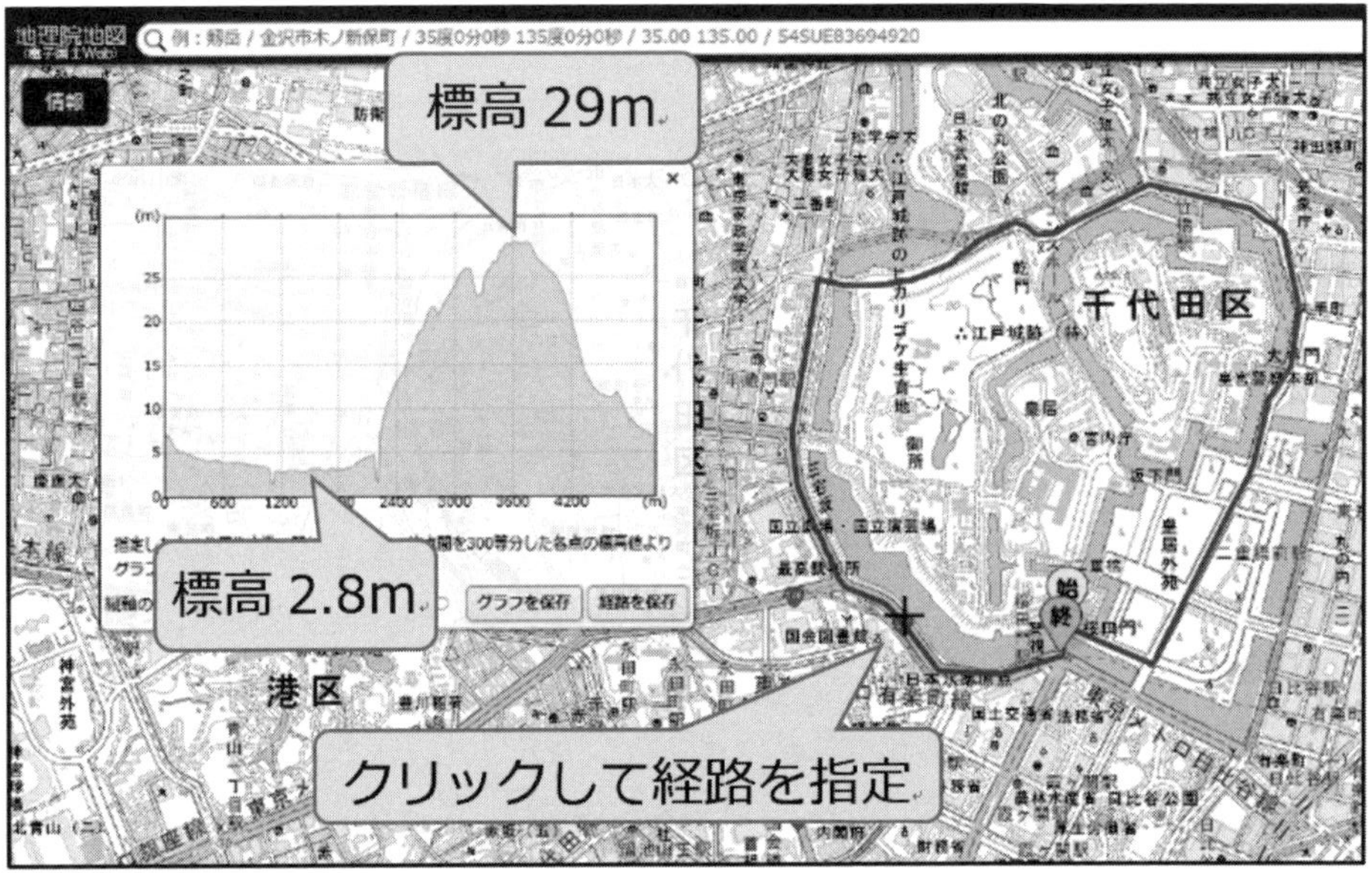

地図 2-1　皇居周辺の標高地図

出典：国土地理院 HP、2017 年

60メートル超、20階建て以上の高層、あるいは超高層ビルやタワマンが林立する墨田をはじめ、葛飾や台東、江戸川、江東、荒川、中央、品川、大田区のほとんども元はといえば東京湾の湿地帯や湾岸の埋立地、低地である（写真2-1）。

とりわけ、江東区は埋立地や低地で地盤が軟弱なうえ、工場の地下水の汲み上げによって最大約4メートルも地盤沈下しているところがあるほか、木密も多いため、周辺より揺れが強くなり、地震に伴う津波や同時火災の危険性が高い。また、近年の地球温暖化による海面の上昇のため、豪雨や台風による高潮のリスクもある。

写真2-1　東京圏の新しいシンボル、東京スカイツリー（北区王子にて）

また、押上《おしあげ》や大崎、品川、田町、飯田橋、谷町、箱崎、鶯《うぐいす》谷《だに》、向島、箱崎、塩浜、亀戸などの葛飾、品川、港、千代田区も江東区と大同小異である。国内最大の市場の移転で揺れる築地や豊洲はもとより、羽田空港（東京国際空港）もすべて埋立地で、かつその大半は海抜ゼロメートル地帯である（写真2－2）。

写真2-2　都心の大半は埋立地や低地（千代田区の日比谷通りにて）

一方、都区部の西半分は荒川と多摩川に挟まれた武蔵野台地の末端部で、舌状の台地が四方にいくつも延び、急傾斜地と低地が入り組んだ高低差のある地形となっている。また、ＪＲ山手線の沿線周辺にも木密が広がっており、関東大震災の再来が懸念される大規模火災の危険がある。

なお、気候は太平洋側気候のため、温暖だが、夏は暑く、かつ冬は結構寒い。もっとも、日照時間は比較的長く、かつ湾岸地区は黒潮（暖流）の影響により温暖である。

2．政治・経済・社会

幕府が開かれた当時、人口は約100万人とすでに世界最大の都市だった江戸は明治維新を迎え、近代国家を建設するため、新政府は東京改造計画に着手した。もっとも、地震多発地帯のうえ、財政難ともあって都区部での幹線道路や防災広場の造成は断念せざるを得なかった。

また、大正に入り、関東大震災に見舞われて市街地は壊滅したため、帝都復興計画を実行、1927（昭和2）年、日本初の民間の東京地下鉄道（元帝都高速度交通公団：現東京地下鉄：東京メトロ）が上野～浅草間で開通するなどインフラが整備されつつあったものの、第二次世界大戦で大空襲を受け、焦土と化した。それでも、政府は戦後、首都・東京の復興をどこよりも優先し、その〝陸の玄関口〟、国鉄（日本国有鉄道。現日本旅客鉄道：JR）東京駅を復元する一方、都心から郊外に放射状に延びる幹線道路や環状線、産業・生活道路の整備などを通じ、戦災復興を果たした。

そして、1958（昭和33）年、港区芝公園に高さ333メートルの日本電波塔「東京タワー」を建設した。その後、東京五輪を招致すべく、首都高速道路や環状道路、地下鉄、私鉄、路線バスなどの公共交通機関をはじめ、東海道新幹線や東海道、信越、上越、東北、常磐《じょうばん》線、東名高速道路、関越、東北、常磐道、羽田空港、東京港などの公共交通機関を整備した結果、旅客の大量輸送や物流網を実現、高度経済成長を遂げ、新生・日本の政治・経済・社会の中心として大いに発展した（写真２－３）。

その後、新宿や渋谷、池袋を副都心などとしてインフラを整備・拡充するとともに多摩地域など都下の丘陵地に大規模団地や新興住宅地を建設した。その結果、東北や北関東、北陸などから集団就職する若者に交じり、都区部在住のサラリーマンがマイホームを求めて移住、日本住宅団地（現都市再生機構：ＵＲ）の高島平団地（板橋区）や多摩ニュータウン（多摩、八王子、

写真 2-3　戦後、東京圏のインフラ整備の契機となった東京タワー
（港区の六本木にて）

稲城《いなぎ》、町田市）などのマンモス団地が相次いでお目見えし、「団地族」なる言葉も生まれた。

また、１９９１（平成３）年、都庁を丸の内（千代田区）から新宿に移転して新庁舎を構え、ＪＲや私鉄、地下鉄が連絡する新宿は年間約３７０万人と国内および世界最多の乗降客駅としてギネス世界記録に認定されるほど巨大ターミナルとなり、[1]高層、あるいは超高層のオフィスビルやタワマン、ホテルが林立する「新都心」に生まれ変わった。さらに、１９９０年代、バブル経済によって景気が加速したのち、崩壊後、リーマンショックやデフレ不況を受けたものの、徐々に回復し、１９９９（平成11）年、品川や丸の内、汐留、臨海副都心（品川、港、江東区）などで都市機能が整備された。

　これに拍車をかけているのが２０２０年の東京五輪の再度の招致で、都はメイン会場となる新国立競技場（新宿、渋谷区）の建設費などに総額約１８００億円を計上、その経済効果は約３兆円と算出しているものの、閉会後の維持費は改修費とは別に毎年同４億円以上と見込まれている。また、今後、10年間で東京圏の介護需要が45％増え、都内在住の高齢者の地方への移住の必要性を提起されているため、[2]建設費を大幅に削減、あるいは五輪の開催そのものを返上するよう、求める声をよそに、ＪＲ東京駅や東京五輪の競技場周辺など湾岸地区を中心に超高層のオフィスビルやタワマンが続々と建設され、２０１３（平成25）年には集合住宅も合わせて約４５３万戸に上っており、[3]バブルの再現を思わせるほど活気づいている（写真２-４）。

写真 2-4　五輪の再開でわく東京（JR 東京駅前の丸の内広場にて）

一方、通勤・通学客の足である東京地下鉄（東京メトロ）は２０００（平成12）年、光が丘（練馬区）から都心を環状線で結び、丸の内線とともにＪＲ山手線の〝地下版〟として都営大江戸線が全線開通、皇居を取り囲むように張りめぐされている。他の私鉄や路線バス、首都高速道路、東名高速道路や中央自動車道、東北自動車道などと連結する首都圏中央自動車道（圏央道）、羽田空港なども大同小異で、世界屈指の公共交通網を誇っている（資料２－１）。

ちなみに、２０１５（平成27）年の国勢調査によると、東京都は都区部や都下、島嶼《とうしょ》の28市、５町、８村を合わせ、同１３５１万人と全国の１０・６％を占めて

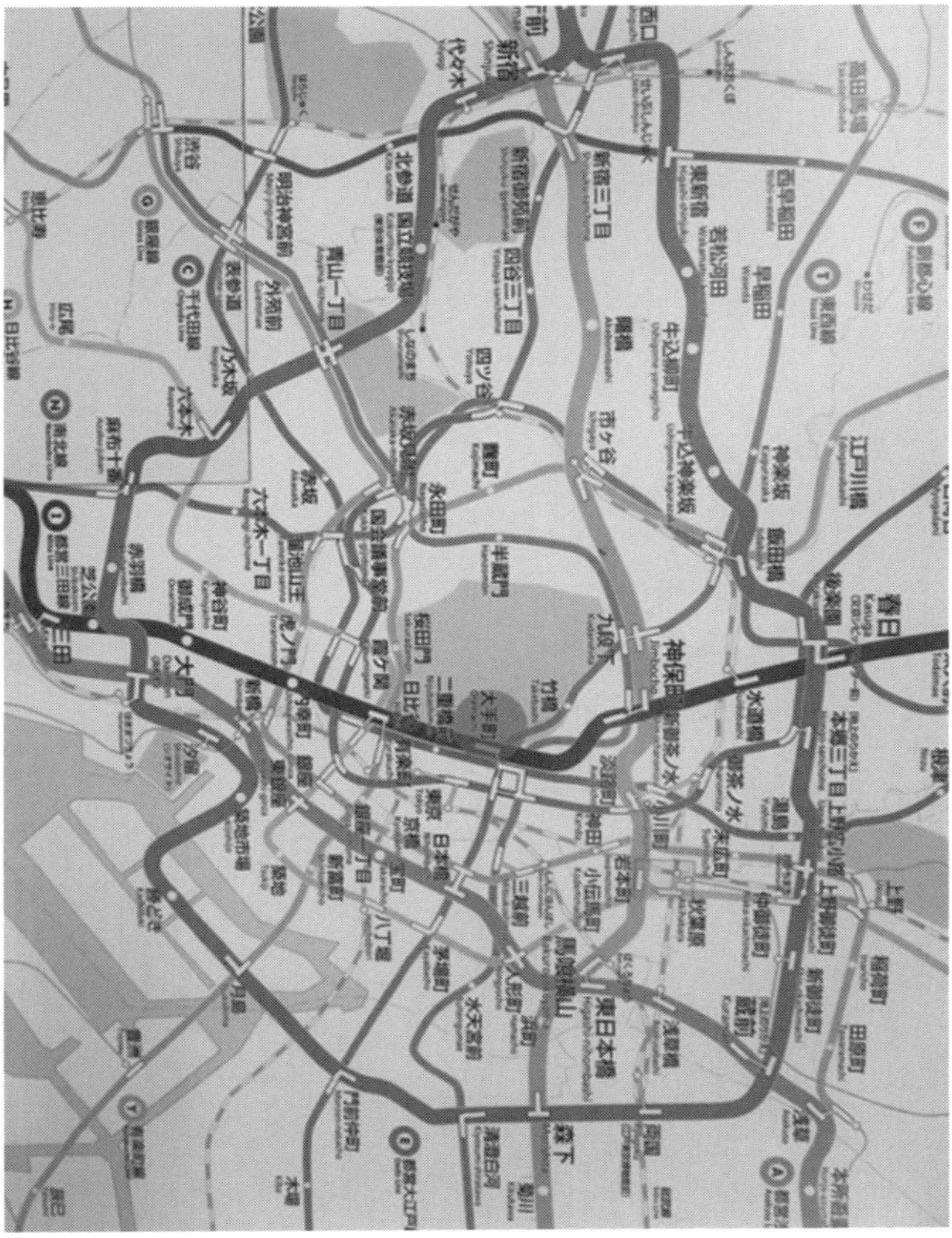

資料2-1 東京圏の公共交通網（東京メトロ大手町駅にて）

いる。これに隣接する神奈川、千葉、埼玉県の南関東を加えると同3613万人と、総人口の実に4分の1が東京圏を中心とする首都圏に居住していることになる（写真2-5）。

写真2-5　一日約350万人と世界最多の乗降客の新宿（JR新宿駅前にて）

3. 過去の災害と今後

東京の周辺には関東平野北西縁断層帯をはじめ、立川断層帯や伊勢原断層帯、神縄・国府津《こうづ》-松田断層帯、三浦半島断層帯、さらに深谷断層帯や綾瀬川断層帯などの活断層[4]が目白押しである。また、隣の神奈川県の相模《さがみ》湾に相模トラフ[5]、静岡県の駿河《するが》湾にユーラシアプレート東端とフィリピン海プレート北端が接し、駿河湾から三重県の熊野灘を経て四国、さらには九州東部沖に延びる南海トラフもあるため、地震や津波、河川の氾濫、洪水などの危険性がきわめて高い（資料2-2、資料2-3）。

とりわけ、荒川、葛飾、台東、墨田、江戸川、江東、それに北区の一部は危険度が4～5と高くなっており、要警戒である（資料2-4）。

現に、記録が残されている過去の災害だけでも1703（元禄16）年の元禄関東地震、

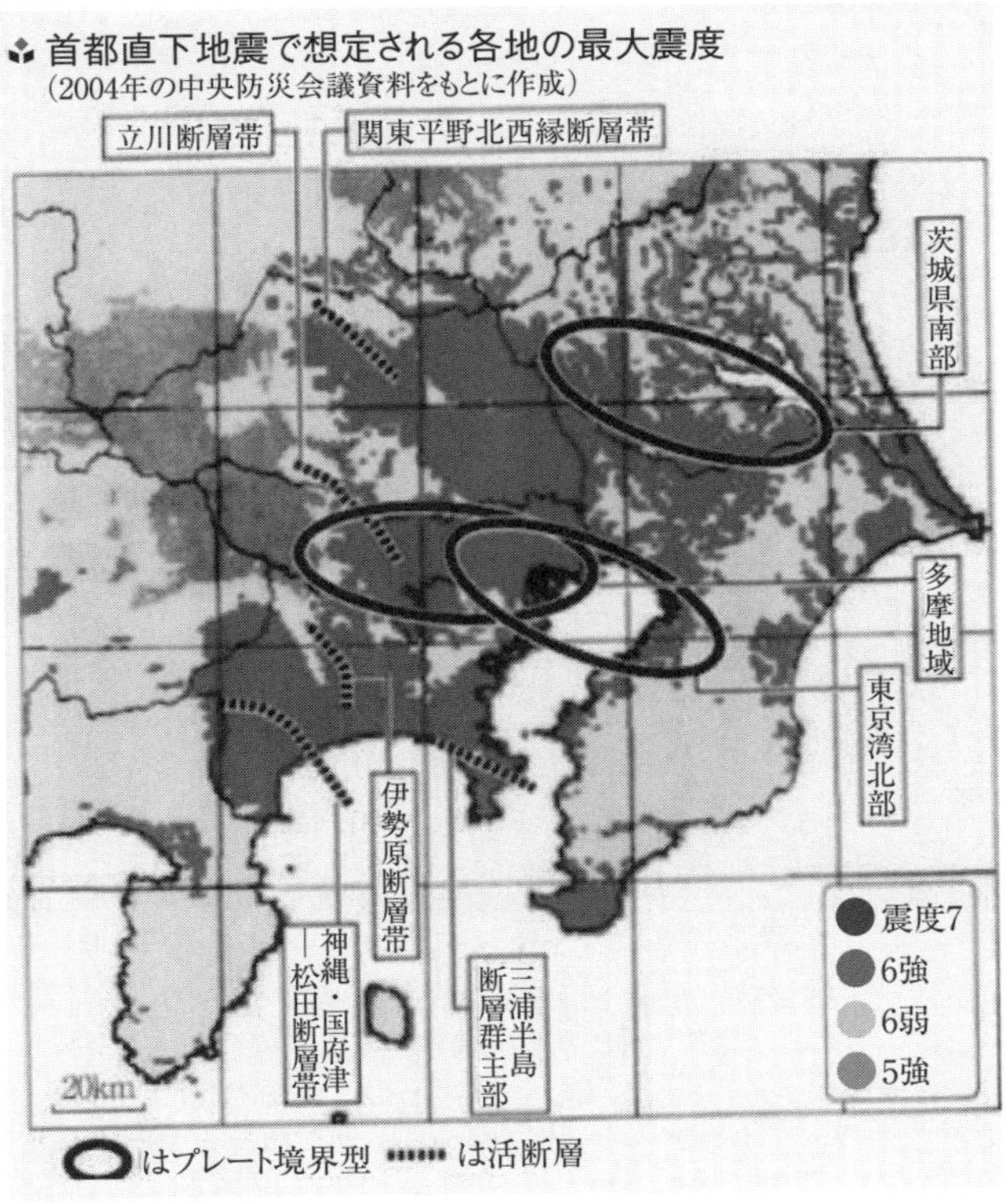

●関東平野北西縁断層帯（M7.2）
●立川断層帯（M7.3）
●伊勢原断層帯（M7.0）
●神縄・国府津 — 松田断層帯（M7.5）
●三浦半島断層群（M7.2）

首都圏のどこでもM6.9の地震が起こりうると想定し、発生すると被害が大きくなる横浜、千葉、さいたま市など10都市直下について震度分布などを計算

資料 2-2　首都直下地震で想定されている東京圏などの最大震度
出典：国土地理院 HP、2016 年

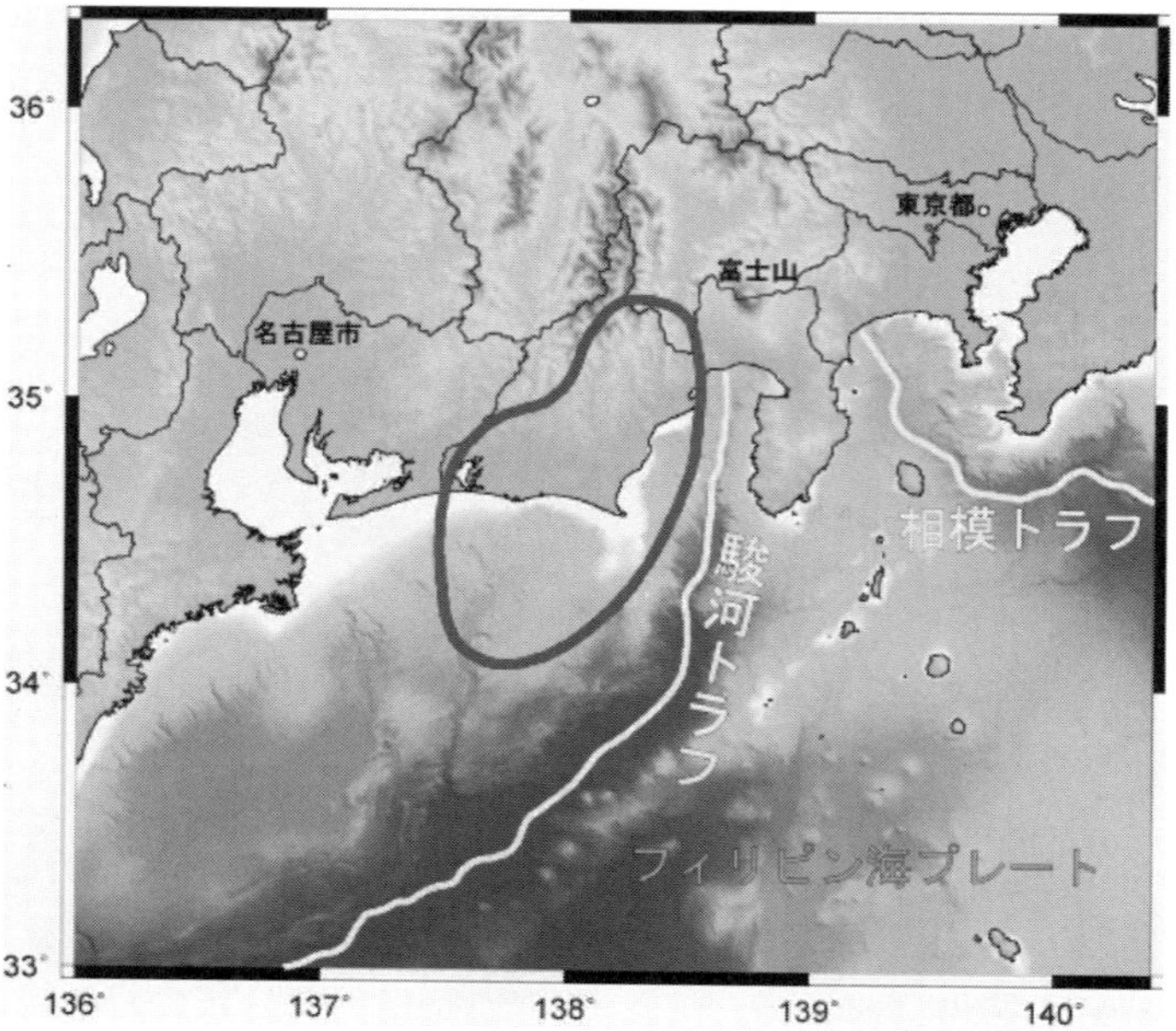

資料 2-3　相模トラフに隣り合う駿河トラフ
出典：国土地理院 HP、2016 年

１７０７（宝永４）年の宝永《ほうえい》地震、１８５４（嘉永７・安政）年の安政東海地震および安政南海地震、１８５５（安政２）年の安政江戸地震などが相次いで発生している、しかも、これらの地震から32時間から2か月後、富士山が噴火しているケースもある。

　このうち、Ｍ９クラスともいわれる宝永地震の際の富士山の宝永噴火では１７８３（天明３）年の浅間山の「天明の大噴火」[6] のときと同様、富士山から東方へ約１００キロメートル離れた「八百八町」

資料2-4　都区部の地域危険度マップ
出典：東京都都市整備局 HP、2018年

写真２-６　関東大震災の受難碑（神奈川県小田原市のJR根《ね》府《ぶ》川《かわ》駅構内にて）

の江戸市中に５～10センチ程度、計約17億トンの火山灰が降り注ぎ、昼間でも暗闇となった。民家の戸や障子が空振、揺れたほか、小田原藩の領地の酒匂《さかわ》川（小田原、南足柄市など）が氾濫するなど関東、東北地方を中心に農作物に大きな被害を及ぼした。[7]

また、安政江戸地震は荒川河口付近を震央とし、Ｍ６・９～７と推定され、死者７０００～１万人を数えたほか、家屋や社寺、武家屋敷、土蔵など計約２万棟が倒壊した。その際、津波はなかったものの、江戸川、葛飾区では地面の割れ目から水や泥が噴出するなど液状化したほか、荒川流域で一部浸水などの被害があった。[8]

そして、近代に入って起こったのが、１９２３（大正12）年、千葉県の房総半島南端の野島崎を震源域、神奈川県小田原市付近を震央としたＭ７・９の関東大震災である。その被害は同県と東京府（現東京都）を中心に茨城から千葉、静岡県東部にかけ、内陸と沿岸でＭ６・９～８前後を記録、東京圏は火災によるものが主だったのに対し、神奈川県では建物の倒壊や液状化、崖崩れが発生、鎌倉市の由比《ゆい》ヶ浜では９メートル、逗子、藤沢市の沿岸では５～７メートルの高さの津波が到達した（写真2-6）。

また、第二次世界大戦の際、アメリカ軍の大型戦略爆撃機「B-29」計300機が38万トン、約1700トンの焼夷弾を江東区北砂などの市街地に投下、折からの火災旋風にあおられ、約10万人が焼死したほか、民家同85万棟が焼失、一面、焼け野原となり、被害総額は同112兆円に上った[9]（資料2-5、写真2-7）。

そこで、政府は帝都復興院を設け、国をあげて復興事業に取り組んだ結果、みごとに復興したが、1947（昭和22）年、カスリーン台風に襲われ、利根川や荒川などの堤防が決壊、都内では約1000人の犠牲者を数えた、これは1910（明治43）年、梅雨前線と台風による集中豪雨に伴い、関東全体で死者769人、行方不明78人を出した「明治43年の大水害」以来の風水害となった。このため、政府は首都直下地震対策特別措置法にもとづき、首都直下地震により著しい被害が生じるおそれがあるとして、緊急に地震防災対策を推進する必要がある区域を「首都直下地震緊急対策区域」として1都9県309区市町村（2017年3月現在）を指定した。

これを受け、東京都は首都中枢機能の維持、および滞在者などの安全の確保を図るべき地区を「首都中枢機能維持基盤整備等地区」とし、千代田、中央、港、新宿区（同）を指定している。さらに、緊急対策推進基本計画について、今後、10年間で達成すべき減災目標などを変更

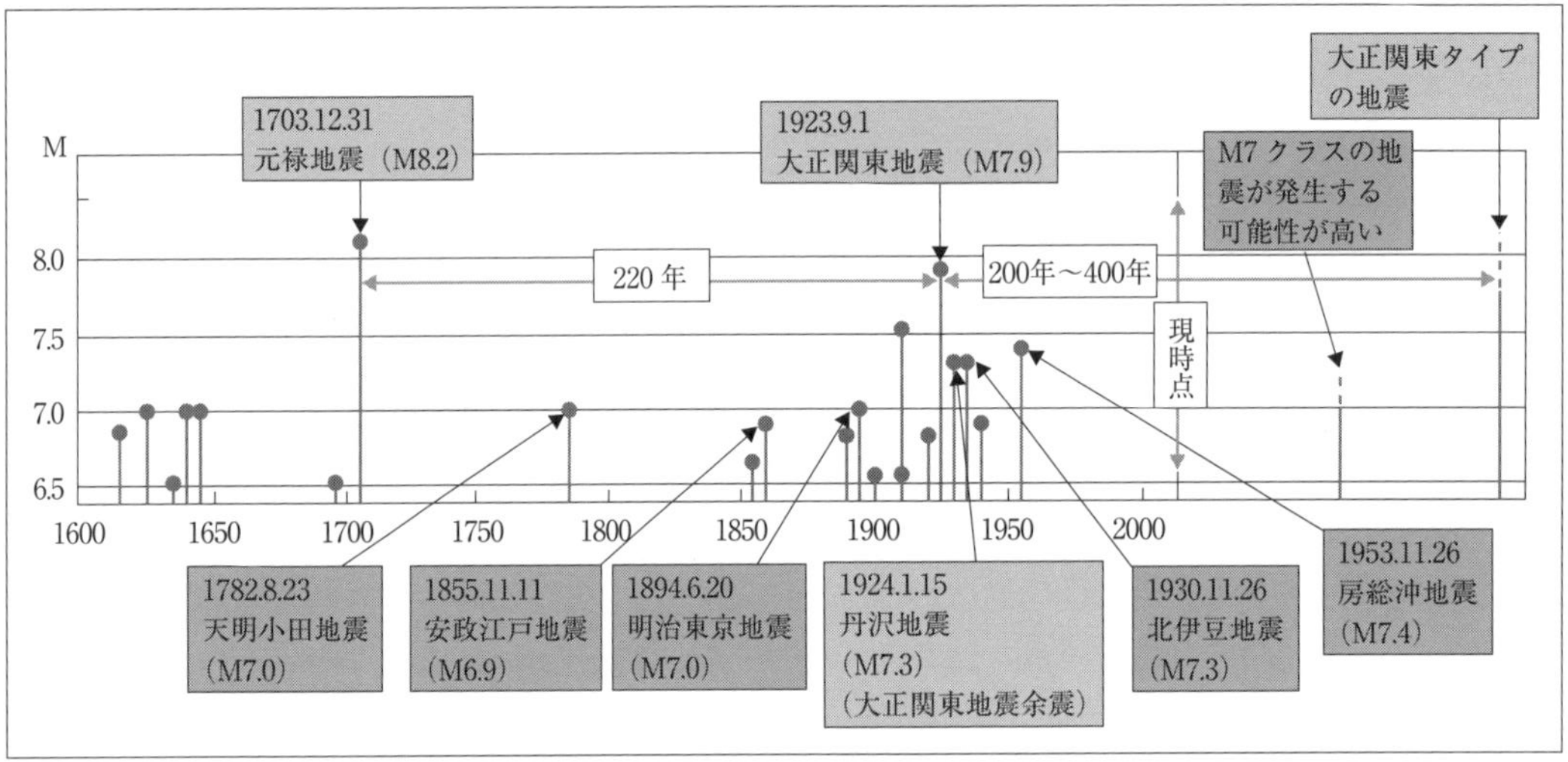

資料 2-5　この 400 年間における南関東の大きな地震
出典：総務省消防庁『消防白書（平成 29 年版）』2018 年

する一方、政府の応急対策に係る緊急輸送ルート、救助・救急、消火活動、医療活動、物資調達、燃料供給、帰宅困難者対応および防災拠点に関する活動を定めた。

しかし、２０１１（平成23）年、Ｍ９・０の東日本大震災および東京電力福島第一原発事故が発生、一時、高レベル放射性物資の拡散に伴い、被災地の住民のほか、都民も広域避難の必要に迫られ、民主党政権は静岡県御前崎《おまえざき》市の中部電力浜岡原発をはじめ、全国にある54基すべての原発の運転を即停止したが、その後、政権に再帰した自公政権は東京電力福島第一原発事故の被災者への補償や賠償が不十分なうえ、高レベル放射性廃棄物の最終処理施設の技術も場所も見通せていないばかりか、原子力規制委員会の「新規制基準」の審査に合格した鹿児島県薩摩川内《せんだい》市の九州電力川内原発を手始めに、原発から半径30キロメートル圏内の原発立地以外の自治体に補助金をばらまき、関係自治体に対し、同意を迫るなどして各地の原発を相次いで再稼働させている。このため、地元の住民などが各地で廃炉や再稼働の停止などを求める仮処分申請を起こしている。なかには津波による浸水対策や避難計画がずさんな

写真 2-7　東京大空襲の跡
（零戦機など軍需工場跡の武蔵野市の中央公園にて）

ままのところもある。

実は、この東京圏にも約119キロメートル北東にトラブル続きの茨城県東海村の日本原子力発電東海第二原発、同180キロメートル東南に静岡県御前崎市の中部電力浜岡原発、同216キロメートル北に新潟県柏崎市、狩羽《かりわ》村の東京電力柏崎狩羽原発があるため、これらの原発に対し、地元の住民や知事、区市町村長も再稼働に慎重な姿勢で、東海村や東京都世田谷区など計35都道府県、70の区市町村が「脱原発をめざす首長会議」を設立している。都内では脱原発を求め、約722万人が署名、同1万5000人が抗議集会を開くなか、東海村や水戸市など周辺の5自治体は2018（平成30）年、原電との間で安全協定を結んだ。

しかし、避難計画の策定を義務づけられるのは原発より30キロメートル圏内の自治体で、全国最多の計約100万人を数えている。それだけに、避難対象地域のさらなる拡大が必要だが、原則としてすべての原発を廃炉にする以外、根本的な解決策はない。

また、風水害では1910（明治43）年、梅雨前線の停滞と台風の接近により関東地方などが襲われ、利根川や荒川、隅田川が決壊、浸水して関東地方を中心に死者679人、浸水家屋は50万棟を超えた。このため、整備されたのが荒川放水路だが、1917（大正6）年、大東島付近から静岡、浜松間を通過し、関東地方を縦断した台風の影響のため、死者・行方不明者1301人、全壊家屋約4万3000戸、流出家屋同2399戸を数えた。しかも、東京湾への接近時、満潮と重なり、月島、築地、洲崎で多数が溺死し、都内の死者・行方不明者は全体の半数近くに上った。いわゆる関東大水害である。

このほか、上述したように、戦後間もない1947（昭和22）年、カスリーン台風が関東、東北地方を襲い、荒川が氾濫した東京での死者8人、負傷者138人を含み、死者計1077人、行方不明者同853人、家屋の損壊同9298棟、浸水同38万4743棟の被害を出し、戦後間もない関東地方への台風のなかで甚大な被害をもたらした。また、1958（昭和33）年、神奈川県に上陸、伊豆半島と関東地方を直撃した狩《か》野川台風で、東京の死者は46人にとどまったが、海抜ゼロメートル地帯の江東、墨田、葛飾区などの下町のほか、世田谷、杉並、中野区などの山の手でも被害が出た。

一方、火山噴火では上述した富士山の宝永噴火のほか、2015（平成27）年、箱根山（神山：同1438メートル）が小噴火、噴火警戒レベルが一時、「3（入山規制）」に引き上げられ、避難騒ぎとなった。その後、周辺の富士山や浅間山、さらには2017（平成29）年から2018（平成30）年にかけ、箱根山と草津白根山（本白根山：同2171メートル）が相次いで噴火、死傷者を出す騒ぎとなっており、江戸時代半ば、「天明の大噴火」によって火山灰が江戸市中に降灰し、生活基盤がマヒした浅間山の噴火による火山灰の降下への警戒も必要である(10)。

なかでも懸念されるのは首都直下地震で、東京湾北部や多摩地域を中心に首都圏のどこでもM6・9～7クラス、震度6強～7と想定されている大規模なものである。その際、湾岸地区の江戸川、江東、中央、港、品川、大田区などに最大2・6メートルの津波が押し寄せ、ブロック塀などの擁壁が崩壊したり、電柱が倒壊したり、宅地に亀裂を生じたりして死者約2万3000人、負傷者同12万3000人、全焼・焼失家屋は最大約61万棟、職場など外出先から自宅まで約10キロメートルを超えるものと想定されている。

また、長周期地震動や不等沈下、共振のおそれもある11階以上の高層、あるいは超高層オフィスビルやタワマンにははしご車は届かず、入居者は孤立、郊外に自宅を持つ通勤者は最大6日かかる帰宅困難者となるなど総勢784万人となる見込みのほか、高齢者や障害者、児童、妊婦など災害時要配慮者も同204万9000人の計同989万人に上る。さらに、被災地の全体の同5割が停電し、1週間以上続き、固定電話や携帯電話もほとんど通話ができなくなるほか、水道も同5割が断水し、うち同1割の地域は水道が使用できなくなる。

一方、新宿や渋谷、池袋など計9か所のターミナルでは地下街への浸水や地下鉄、在来線、私鉄は1週間から1か月間不通、幹線道路も少なくとも同1～2日を要し、被災者の家具や周辺の会社、工場の資材などの瓦礫《がれき》の処理や被災者の避難誘導、支援物資の受け入れによる一般道路の交通規制や放置車両などのため、大混乱となる。また、湾岸地区も機能不全となるほか、タンクローリーの不足や交通渋滞によって非常発電用の重油や軽油、ガソリンなどの供給も困難になるおそれがある。この結果、被害総額は約112兆〜300兆円に及ぶと予想されている。

それだけではない。湾岸地区が伊勢湾台風並みの巨大台風(スーパー台風)に襲われた場合、墨田、葛飾、江戸川、江東区など全体の3分の1で最大約10メートル以上が浸水し、一週間以上、水が引かないおそれがある。

一方、立川断層と名栗断層からなる立川断層帯は府中から立川、青梅市、さらに埼玉県名栗村に続くもので、この地震によって死者約2600人に上るとされている。そこへ富士山の火山活動が誘発され、噴火した場合、静岡県東部から神奈川県南西部にかけ、大規模な土石流や洪水となるほか、西風が強い冬場の場合、火山灰が最大20センチ積もり、周辺の道路の不通や停電、各種家電や電子機器のスイッチ類の接点や冷却の不良によって過熱、火災が発生し、家屋の類焼や倒壊、高齢者や障害者、乳幼児、妊婦など災害時要配慮者に呼吸器系統の障害を招く。この結果、日本の政治・経済・社会などの機能全体がマヒし、新たに総額2兆5000億円もの損害が出る[11]など大混乱になるおそれがあるとしている[12]。

懸念はまだある。東京圏は典型的な人工都市であるうえ、新幹線や在来線、地下鉄、私鉄、首都高速道路などの公共交機関は開通から半世紀を過ぎているため、各所でひずみや破損などがみられ、首都直下地震や東京湾北部地震によって脱線・転覆し、新幹線の場合、1便当たり乗客約1000人以上が死亡するおそれがある。また、湾岸地区に集中する火力発電所やガスタンクなど石油コンビナートの出火や爆発も予想される。

このほか、地下鉄銀座線は建設後、90年経っている。2000（平成12）年、全線が開通した大江戸線に至っては最深49メートルなど都区部の大半の地下は地下鉄や地下街となっている〝砂上の楼閣〟で、2017（平成29）年、博多駅前で幹線道路が陥没した事故も「あすはわが身」と受け止めざるを得ないほど深刻な問題である。

そこで、東京都は2000（平成12）年に制定した都震災対策条例を今後も5年ごとに調査を実施して見直すべく、湾岸地区での堤防や防潮堤を5～6メートルかさ上げし、首都直下地震や南海トラフ巨大地震などによる津波に備えている。また、2020年までにJR山手線や環状7号線、中央線沿線の住宅地約7000ヘクタールを木密に指定、老朽化した戸建住宅や施設、病院、都営住宅の不燃化および耐震化率を100％に近づけるほか、最大約220万人を保護できる避難協力のオフィスビル約3000、その他避難所1200か所を指定している。さらに、災害時、消防や警察、自衛隊計約14万人、ヘリコプターなど航空機450機、船舶60隻を投入し、救助や消火に当たることになっている。

このほか、2012（平成24）年、東京スカイツリーの地上260メートルの所に防災カメラを設置、都区部で異常の有無を観測、その映像を常時、各区に送り、災害対策に活かす。また、自社ビルやホールなどの施設を開放、帰宅困難者を一時的に受け入れる協定を千代田、港、中央、江東など8区市、83事業者で締結しているほか、都内の公園や清掃工場など計58か所を救出・救助活動拠点に指定、災害時、消防や警察、自衛隊と連携し、被災者の救出や救助活動に当たる。さらに、神奈川、埼玉など周辺の8県などと災害時相互応援協定を締結し、毎年実施している総合防災訓練を通じ、災害時の応援を依頼することにしている。

しかし、2020年の東京五輪後の競技場の維持費や改修費、築地市場の豊洲への移転や改修などのプロジェクトもあるため、災害対策が財政的にどこまで講じられるか、懸念する声も聞かれているなか、各区も周辺の他区とともにブロック単位で連携、災害情報の共有や防災訓練、また、千代田区のように庁舎の新築に併せ、併設された区社協と災害対策における連携を図っている。

その社協だが、都社協は1997（平成9）年、関東甲信越静ブロック都県指定都市社協との間で災害時相互応援協定を締結する一方、都内の65区市町村社協に対し、地元や近隣の自治体や消防署、町内会・自治会、社会福祉施設などとも締結し、防災訓練や災害時避難行動要支援者名簿の作成、避難支援などのマニュアルづくりに取り組んでいるほか、災害時、災害ボランティアコーディネーターを被災地に派遣するようにしている。

写真 2-8　東京圏への影響が大きい中部電力浜岡原発
（静岡県御前崎市にて）

また、２０１４（平成26）年、都災害ボランティアセンターと協定を締結、アクションプランを策定し、今後、都内のＮＰＯやＮＧＯとのコラボレーションを図る方針だが、都民がどこまで防災や減災に関心を持ち、これらの地域防災に参加するかは不透明である。

なお、周辺に富士山や箱根山、浅間山などの活火山のほか、日本原発東海第二原発や中部電力浜岡原発、東京電力柏崎狩羽原発もある。

また、研究用の東海村の日本原子力研究開発機構原子力科学研究所の原子炉が２０１８（平成30）年1月、「新規制基準」の審査に適合したむね公表

（手前は湘南国際村と相模湾）

写真 2-9　首都直下地震の誘発で噴火が懸念される富士山
（神奈川県葉山町にて）

されたが、箱根山や浅間山への対策はとくに見当たらない。原発も地震や津波、火山噴火などによって思わぬ大事故を起こしかねないが、それへの対策も十分とは言い切れないのが現状である（写真2-8、写真2-9）。

このほか、沖縄の米軍基地やその周辺で不時着や墜落などのトラブルを起こしている沖縄県宜野湾《ぎのわん》市の普天間基地に配備のアメリカ軍の垂直輸送機「オスプレイ」25機のうち、10機が2019～2020年、東京都福生市の横田基地に移される予定だが、このうち、5機が2018（平成30）年、突如、横浜港から陸揚げ後、同基地に早々に配備された。日米安全保障条約にもとづき、北朝鮮や中国、ロシアなどの極東情勢をにらんだ日米共同作戦とのことだが、アメリカの植民地化ともいえる横暴に対し、周辺の自治体や住民の不信から不安と抗議の声が上がっている。

なお、上野動物園など圏内や周辺にある動物園の猛獣を大規模地震や津波、台風や集中豪雨、河川氾濫、水害、土砂災害などの風水害、火山噴火、原子力災害の際、どのように保護すべきかも懸念の一つである。それというのも、第二次世界大戦中、上野動物園など全国の16か所の動物園のゾウやライオン、ヒョウなどの猛獣が園外に逃亡し、周辺の市民に被害を及ぼすことを防ぐため、殺処分されたからで、これらの対策も「想定外」などといって済まされない喫緊の課題である。

いずれにしても、日本の政治・経済・社会などあらゆる機能が集中する東京圏は2020年の東京五輪を前に一極集中が加速化するばかりだが、今後の極東情勢によっては東日本大震災の際にみられた在日米軍による「トモダチ作戦」もテロリズム（テロ）や有事に巻き込まれかねず、〝日本沈没〟によって国際社会に大打撃を与えるおそれもあることを指摘せざるを得ない。

注

（1）www.guinnessworldrecords.jp/、２０１７年。
（2）２０１５年6月、民間研究開発機関、日本創成会議が提言。
（3）総務省「社会生活統計指標」２０１７年。
（4）断層帯のうち、地質学上、数十万年前から現在までの間にずれ動いた形跡があり、かつ今後も活動する可能性がある断層。
（5）細長い海底盆地。舟状海盆ともいう。
（6）拙著『地域福祉源流の真実と防災福祉コミュニティ』大学教育出版、２０１６年。
（7）内閣府・中央防災会議『災害教訓の継承に関する専門調査会報告書』２００６年。
（8）宇佐美龍夫「新史料による安政江戸地震の調査」『東京大学地震研究所彙報』１９７６年。
（9）前出「災害教訓の継承に関する専門調査会報告書」。
（10）前出『地域福祉源流の真実と防災福祉コミュニティ』。
（11）内閣府ＨＰ、２０１７年ほか。
（12）このほか、ＪＲ東海が２０２７～２０４５年、品川～名古屋・大阪間を約40分で結ぶリニア中央新幹線の計画についても、総延長の約86％は南アルプスなどの地下のトンネルで、かつ複数の活断層を横断するため、防災上、懸念が伝えられている。

第3章

大阪圏

1. 地　勢

大阪圏は、北は北摂《ほくせつ》山地と西の六甲山地、東は生駒《いこま》山地と金剛山地、南は和泉山脈に囲まれ、大阪府の大和川や京都府の鴨川、桂川、宇治川、木津《きづ》川、滋賀県の瀬田川などが淀川に合流し、大阪湾に注ぐ大阪平野の中央部にある。広さは約1600平方キロメートルで、関東平野や北海道の石狩、十勝平野、新潟県の越後平野、名古屋圏の濃尾《のうび》平野よりは狭いものの、東京圏に次ぐ大都市圏となっている。

大阪は古来、摂津《せっつ》国（現大阪府）といわれ、大和川と大川（現淀川）の間、すなわち、大阪湾を望み、大阪城から難波宮、四天王寺、住吉大社へと南北に横たわる上町《うえまち》台地の北端を指した。その後、浄土真宗の中興の祖、蓮如が1496（明応5）年、大坂（現大阪）城の本丸付近に大坂御坊（同石山本願寺：中央区）を建立、その勢力を拡大する過程で大坂という地名が一般に定着したが、「坂」は土に反《そ》る意味にもとれて縁起が悪いといわれ、江戸時代、現在の大阪に改称された。

ともあれ、淀川や奈良盆地から注ぐ旧大和川などの大量の土砂が堆積した湿地帯やデルタ地帯であることに変わりはない（写真3-1）。

なかでも大阪平野を南北に伸びる上町台地は過去、水害が頻繁《ひんぱん》に発生したため、赤穂浪士の吉良邸討ち入りがあった1703（元禄15）年、それまで北方に流れていた旧大和川を西方に変え、同川の流域の大半は農地となった。鴻池新田（現東大阪市西鴻池町）もその名残の一つである。

また、同川の河口だった南燐の堺市では土砂が堆積して港湾の機能が低下し、かつ埋立地が大阪湾に広がった（地図3-1）。

その後、明治新政府に伴う府県制[1]のもと、大阪府と改称されたことに伴い、大阪圏は大阪市と堺、

（手前は桂川や木津川など。後方は生駒《いこま》山地）

写真3-1　湿地帯やデルタ地帯からなる大阪平野
（京都府との境の天王山にて）

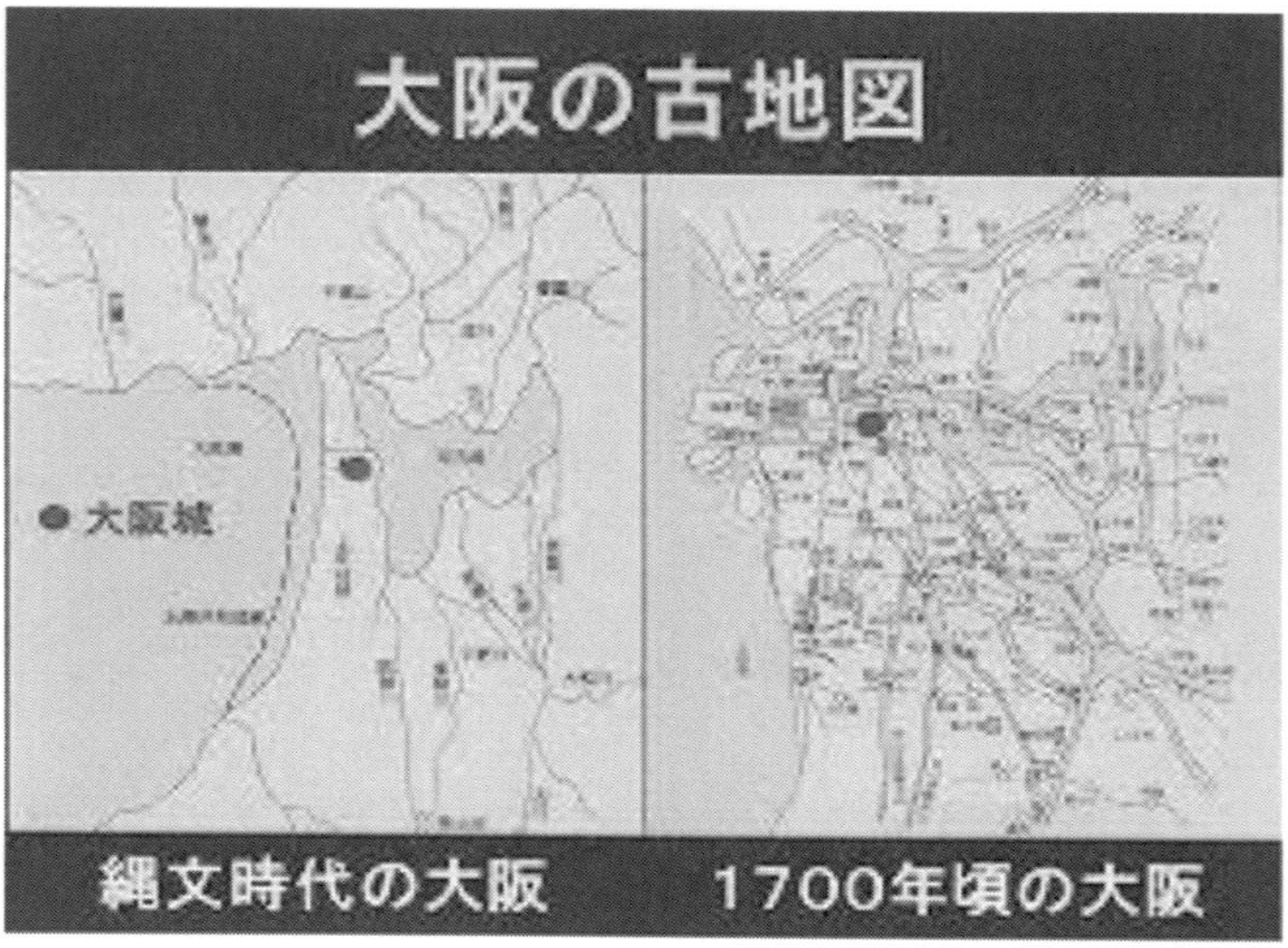

地図3-1　大阪圏の古地図
出典：政府地震調査研究推進本部HP、2017年

さらに東大阪や門真《かどま》、守口市および周辺の兵庫、滋賀、奈良、和歌山県や京都府を含め、近畿圏や関西圏ともいわれている。

いずれにしても、大阪圏有数のターミナル、梅田界隈《かいわい》のJR大阪駅（北区）はもとより、官庁街の御堂筋《みどうすじ》（北、中央区）や道頓堀（同）、京橋（城東、都島区）、天王寺（天王寺区）、中之島（北区）、堂島（同）、住之江（住之江区）、難波《なんば》（中央、浪速《なにわ》区）などもすべて埋立地のため、低地である。また、河川は175か所ある。「水の都」、あるいは「八百八橋」といわれるゆえんである（写真3-2）。

なお、気候は瀬戸内海式で、一年中、

安定した天気が続くが、京都府に隣接した北部の山沿いは日本海側気候の影響のため、年によっては豪雪も見られる。

2. 政治・経済・社会

大阪圏は古代、中国や朝鮮との交易の拠点として榎津《えなつ》（現堺市）や住吉津（同住吉区）、難波津（同中央区）、堂島川流域の江口（同）などに港津《こうしん》(2)が開かれ、大和(同奈良市)や京の玄関口として栄えた。とくに江口は難波津に来航する外交使節を迎える場だったほか、難波京(3)が置かれたため、〝朝廷の玄関口〟となった。

江戸時代になると政治の中心は江戸へ移ったものの、京と大坂を中心とする

写真 3-2　戦後、道路を拡幅した官庁街も低地（北区の御堂筋にて）

上方(4)、なかでも大阪は「天下の台所」として日本海や瀬戸内海の水産物などが大量に流通、発展した。また、近江国（現滋賀県）から有能な近江商人が往来、活発な商戦を演じた。地元大阪圏はもとより、東京圏にある関西系の大手デパートや私鉄はいずれもその流れをくむといわれている。

やがて、明治維新を迎えると都は京から江戸に遷都、東京と改称され、近代国家の建設の首都として政治・経済・社会の機能がすべて東京に移された。このため、大阪圏は一時、経済が廃《すた》れたが、湾岸地区を中心とした重化学工業の発展や神戸港の国際貿易港化により阪神工業地帯を形成し、国内屈指の一大工業拠点となった。

また、東京圏が関東大震災によって政治・経済・社会の機能が壊滅したのに対し、大阪圏もアメリカ軍の大型戦略爆撃機「B－29」約２７０機により同１７００万トンの焼夷弾を投下され、死者同４０００万人、１３万６０００戸が焼失、壊滅したものの、東京圏ほどの影響はなかった。このため、西隣の六甲山地（東六甲山：同９３１メートル）の神戸市の山の手地区や芦屋、西宮、宝塚市などは戦後、芸術や文化の香りが漂うまちへと様代わりした。

ただし、圏内に住んでいた富裕層や政財界人、芸術家、文化人がこれらの地に移住、モダンなライフスタイルで市民生活を楽しむようになり、「阪神間モダニズム」といわれた。

一方、公共交通機関では１９３３（昭和８）年、大阪市営地下鉄（現大阪市高速電気軌

道：大阪メトロ）が梅田～心斎橋間で開通、全国初の公営地下鉄として開通した。さらに、1956（昭和31）年、新世界（浪速区《なにわ》）の一角に高さ106メートルの展望塔「通天閣」が大阪のシンボルとして完成したのを皮切りに都市化された。

しかし、高度経済成長期、「阪神間モダニズム」の富裕層や政財界人、芸術家、文化人はもとより、地元大阪の政財界人や企業の一部も東京へ移り、政治はもとより、経済・社会の機能も東京圏に吸い寄せられ、地盤沈下した。それでも、1964（昭和39）年、東海道新幹線が東京から新大阪まで開通したほか、1965（昭和40）年、東名高速道路小牧インターチェンジ（愛知県小牧市）～西宮インターチェンジ間で名神高速道路が全線開通、1961（昭和36）年、国鉄（現JR）東海道線と連絡した大阪環状線を皮切りに、私鉄や阪神高速道路、伊丹空港（大阪国際空港：豊中、池田市、兵庫県伊丹市）などの公共交通機関が相次いで整備された（資料3-1、写真3-3）。

その後、1970（昭和45）年、吹田市の千里丘陵で開催された日本万国博覧会（大阪万博）を機に経済は大躍進し、関西経済の牽引車《けんいんしゃ》となった。また、伊丹空港に続き、神戸空港（神戸市中央区）や関西国際空港（泉佐野、泉南市、大阪府田尻町）、さらに、2013（平成25）年、阿部野橋ターミナルビル跡（阿倍野区）に通天閣や高層、あるいは超高層オフィスビルやタワマンをしのぐ地上60階建て、高さ約300メートルと日本一高い高層複合ビル「あべ

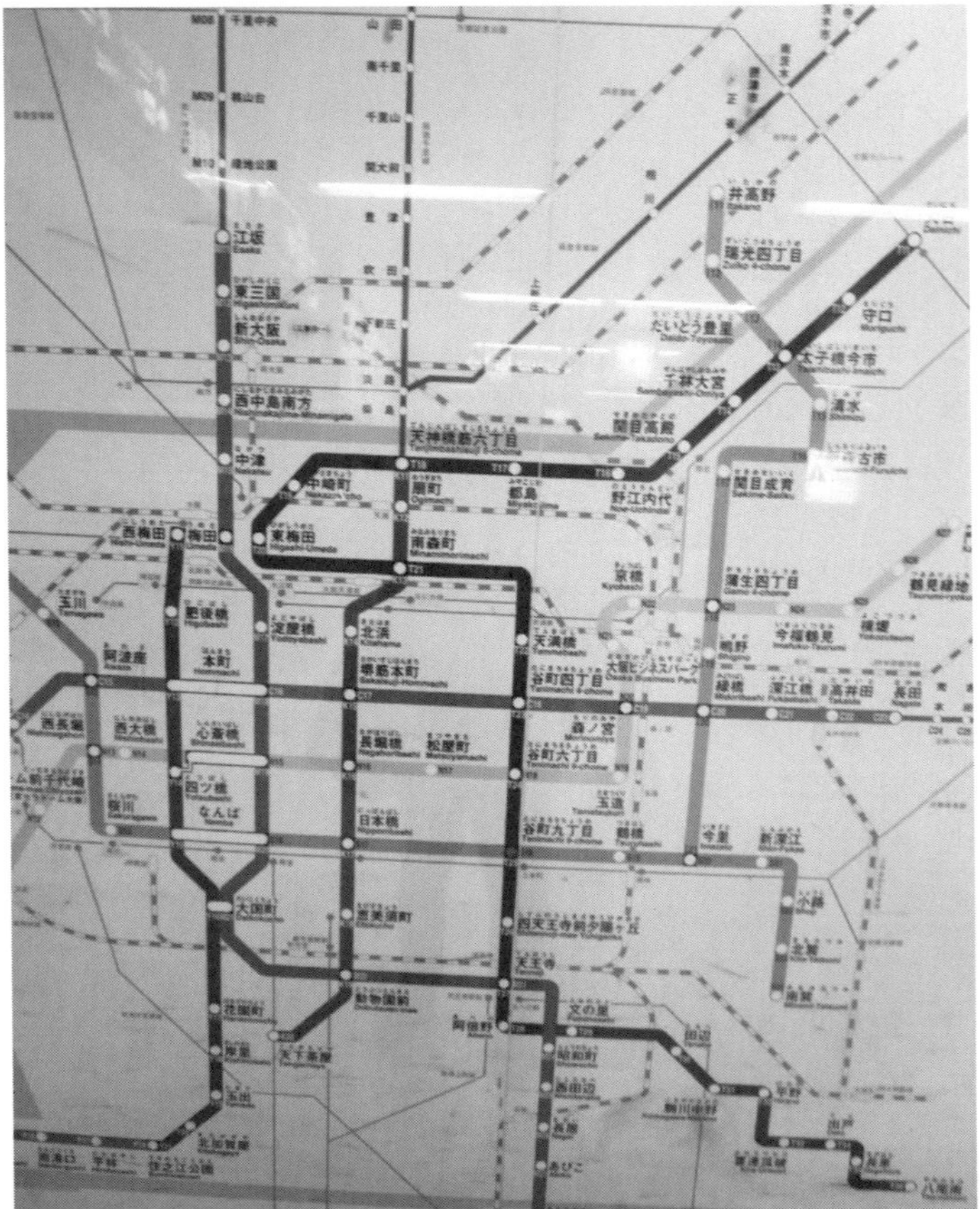

資料 3-1　東京圏にまさるとも劣らぬ公共交通網の大阪圏
（JR 大阪駅にて）

写真 3-3　通勤・通学客などで混雑するＪＲ大阪環状線
（JR 天王寺駅にて）

のハルカス」が建設され、〝関西復権〟のシンボルとなっており、かつて一帯が埋立地や低地だった面影はない。

　また、大阪湾の夢洲（此花《このはな》区）に２０２５年、大阪万国博覧会（万博）の招致に併せ、カジノを含む総合型リゾート施設（ＩＲ）の建設など大阪都構想[5]が地元の政財界より提唱されているが、所詮は大阪湾の埋立地のため、南海トラフ巨大地震の際、津波や建物の不等沈下、液状化、河川の氾濫、洪水などの被害が懸念されている危険箇所が多数ある。

　このような大阪圏の再生に伴い、大阪府の人口は２０１７（平成29）年11月現在、約８８０万人と同１３５１万人の東京圏に次いで第二位の大都市圏となっている。また、周辺の京都府や兵庫、奈良県などを加えた近畿圏や関西圏の総人口は計約１８６４万人となっており、首都圏に迫る勢いである[6]（写真３－４）。

３．過去の災害と今後

大阪圏には上町台地の西方に南北に延びる上町断層帯をはじめ、生駒断層帯や有馬―高槻断層帯、大阪湾内の湾内―大阪清新断層、さらに周辺に六甲・淡路島断層帯や三峰・京都西山断層帯、京都盆地・奈良盆地断層帯南部、中央構造線断層帯など多数ある（資料３－２）。

なかでも上町台地の西端にある上町断

写真 3-4　「大阪都構想」も持ち上がる大阪（北区梅田にて）

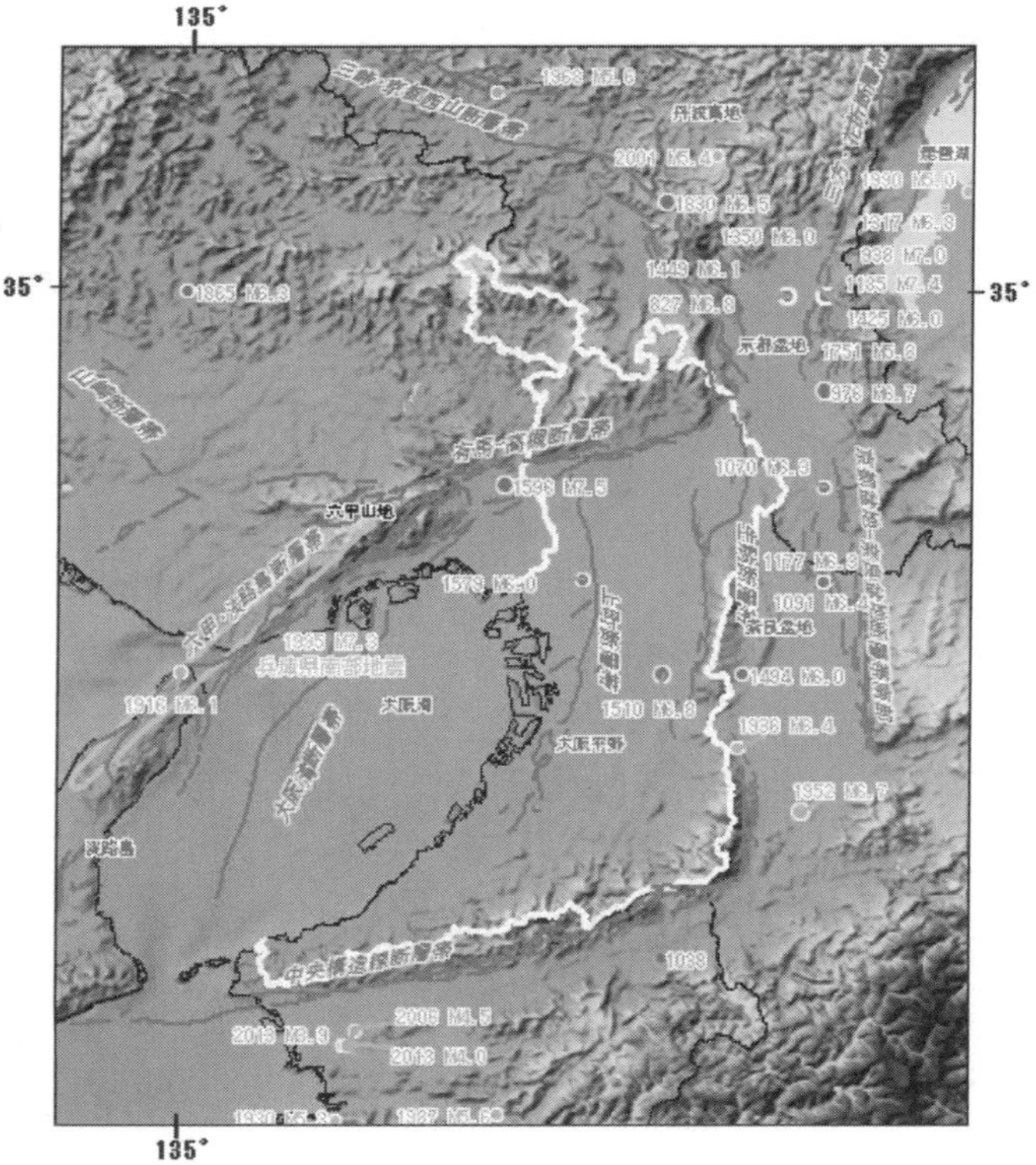

資料 3-2　大阪圏の断層帯
出典：政府地震調査研究推進本部 HP、2017 年

層帯は大阪平野に東西約2〜3キロメートル、南北同42キロメートル延び、豊中市から吹田市の千里丘陵を経て大阪市の北部、JR新大阪駅や御堂筋、梅田、難波、道頓堀、通天閣、大阪城、天満橋、住吉区などの中心部を貫き、岸和田市に至っている（資料3-3）。

そこで、過去の災害だが、まず地震は約2万8000年前以後と約9000年前以前など、平均活動間隔は同8000年で発生しているのではないかといわれている。

現に、これまで史料で確認されているものだけでも1596（文禄5）年、有馬―高槻断層帯と六甲・淡路島断層帯を震源とするM7・5程度の直下型の慶長伏見地震で、京の伏見城（伏見区）の天守閣や東寺（下京区）、天龍寺《てんりょう》（北区）などが倒壊、大坂城内や堺市で計約1000人の死者を数えた。また、1605（慶長9）年の慶長地震や1707（宝永4）年の宝永地震の際、旧大和川流域だった河内《かわち》平野で家屋の倒壊が集中した。さらに、1854（嘉永《かえい》7：安政元）年、M8・4の安政南海地震では大阪湾の北部で高さ約2メートルの津波が襲ったほか、木津川や安治川を逆流、船の破損や橋の損壊を招き、死者約7000人を出した。

しかも、この安政南海地震は安政東海地震の32時間後、また、1946（昭和21）年、死者1330人を出したM8・0クラスの昭和南海地震は1944（昭和19）年の昭和東南海地震の2年後に発生するなど、江戸時代以降、90〜150年の間隔で周期的に起きている。このほ

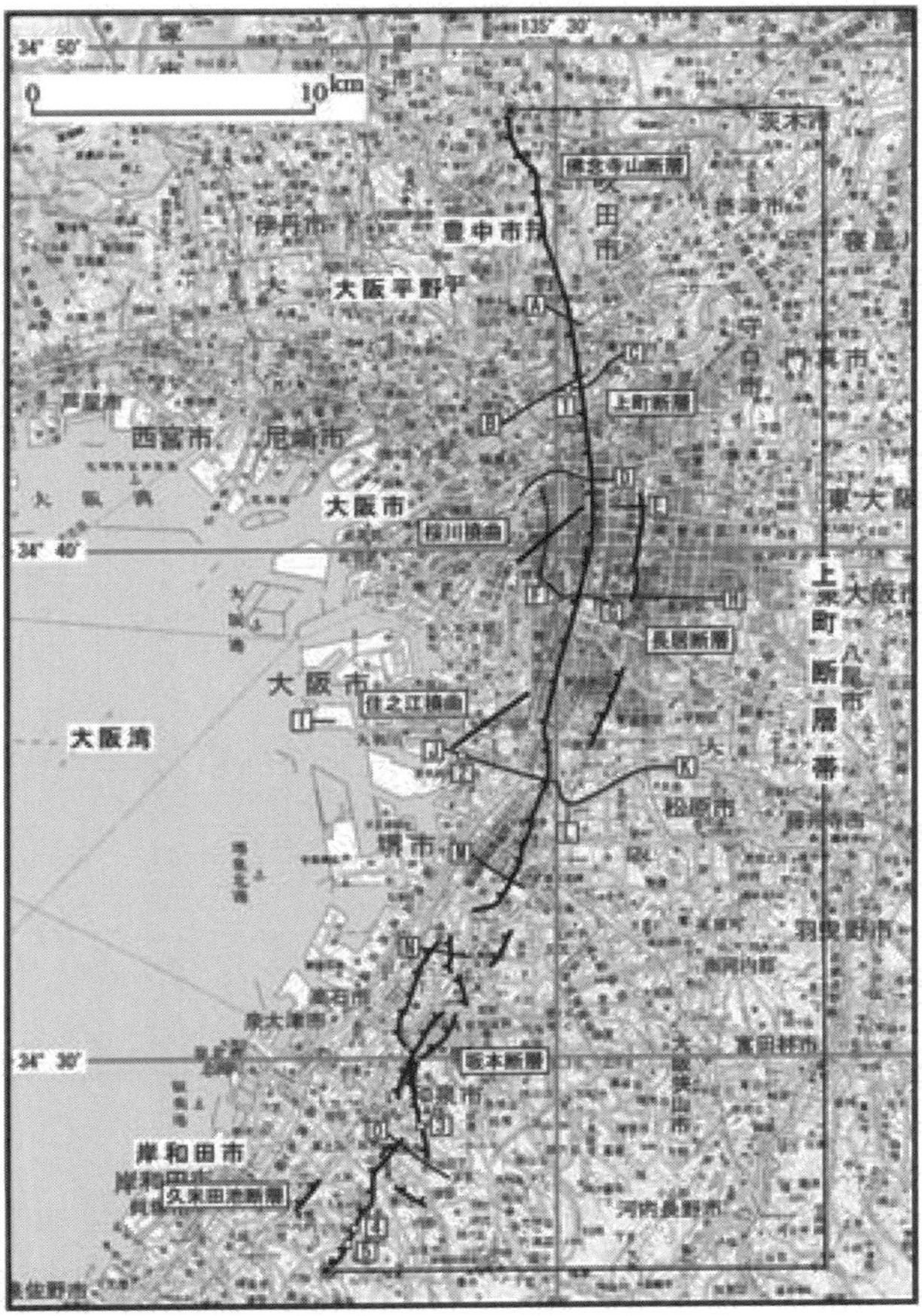

資料 3-3　豊中から岸和田市にかけて延びる上町断層帯
出典：政府地震調査研究推進本部 HP、2018 年

か、その周辺でも１９２７（昭和２）年、Ｍ７・３の北丹後地震、１９５２（昭和27）年、Ｍ６・７の吉野地震が起きている。

このうち、前者の震源地は京都府の丹後半島北部で、郷村断層帯のズレの直下型地震となり、近畿地方一円だけでなく、中国・四国地方にまで及び、死者２９９２人、家屋の全壊同１万３０００棟の大被害を受けた。これに対し、後者は奈良盆地東縁断層帯の奈良県中部を震源とし、近隣の和歌山から石川までの広域地震で死者９人、負傷者１３６人、住宅の全壊20棟の被害を出した[7]。

そこへ、神戸市や淡路島を中心に襲ったのが明石海峡を震源とし、１９９５（平成７）年、Ｍ７・３の阪神・淡路大震災だった。六甲・淡路島断層帯の一部である野島断層帯が活動して起こったもので、地震発生の際、この断層帯の南東側が南西方向に１～２メートル横にズレた半面、同時に南東側も50センチから１・２メートル隆起し、かつこの時に変位した断層面が地表に露出したため、兵庫県を中心に死者同６４３５人、行方不明者２人、負傷者同４万３７００人を数えた。

上述したように、大阪圏は大阪、堺市など大阪湾の湾岸地区や淀川流域は埋立地や低地で地盤が軟弱なうえ、工場の地下水の汲み上げによって最大約２メートルも地盤沈下しているため、周辺よりも揺れが強くなる可能性がある。また、湾岸地区には火力発電所や石油コンビナートもあるため、爆発や出火が懸念されるほか、温暖化による海面の上昇のため、豪雨や台風による高潮のリスクも増えている。

しかも、戦後に発生した自然災害のなかで犠牲者同5000人を数えた愛知、三重県など名古屋圏における伊勢湾台風を上回り、2011(平成23)年、東日本大震災が発生するまで国内における自然災害史上最悪となった。幸い、大阪府の死者はわずか30人で済んだが、戦後に起きた地震では1946(昭和21)年の南海地震や1948(昭和23)年の福井地震を大きく上回り、当時の地震による災害としては戦後最大となった。

そこで、現在、最も危惧《きぐ》されているのは、上町断層帯が一つの区間として活動した場合、M7・5程度の大地震が発生するおそれがあると推定されていることである。その際、断層帯に近い地表では東側から西側に約3メートル程度高まる段差や、たわみが生ずる可能性がある。しかも、今後、約30年以内にM7・5クラスの地震が発生する可能性のある国内の主な活断層のなかで最も高いといわれている。

それだけではない。静岡県の駿河湾から九州東部の大分、宮崎、鹿児島県まで約700キロメートルにわたり、深さ同4000メートルの海底のくぼみの南海トラフと太平洋プレートのズレによるM8~9クラスの南海トラフ巨大地震が30年以内に70~80%の確率で起こる、といわれている。その際、上町断層帯の手前まで高さ5~10メートルの津波が襲い、大阪城やあべのハルカス以外はすべて浸水するおそれがある。

しかも、最悪の場合、大阪大空襲をはるかに上回る死者約32万3000人、建物の全壊や焼失同238万6000棟、経済的な被害は同220兆3000億円と東日本大震災の10倍を超える。その場合、長周期地震動によって周辺の高層、あるいは超高層のオフィスビルやタワマンは最大3メートルの横揺れが生じ、1時間以内に15か所で出火、約34万人が避難を余儀なくされ、仮設住宅が最大約205万戸必要になって大混乱となる。

さらに、津波も起これば同3億3000万トンの廃棄物や堆積物が発生し、仮置き場は周辺の名古屋圏で1269ヘクタール、四国地方で1543ヘクタール必要になるほか、瓦礫を含む二次仮置き場も3年間で全国で2240ヘクタール、同5年間で1120ヘクタールに上るため、建物の耐震化や空き家の解体処理を進め、少しでも軽減する必要があるといわれており、関係都道府県による災害廃棄物処理計画の策定にもとづく「広域災害」への対策が求められる(8)。

加えて、新幹線が脱線・転覆しようものなら1便当たり乗客約1000人以上死亡するほか、湾岸地区に集中する火力発電所やガスタンクなど石油コンビナートの爆発や出火のおそれがあるとも想定されている(9)。

そこで、北端の能勢《のせ》町を除く大阪府内全42市町村は「南海トラフ地震防災対策推進地域」

に指定されている。それというのも、南海トラフ沿いの地域では過去、ここを震源域として100年から150年間隔で大規模地震が繰り返し発生しており、近年では1944（昭和19）年に昭和東南海地震、1946（昭和21）年に昭和南海地震が発生しているからである。

しかも、東海地震の領域は発生から160年が経過しているため、切迫性が指摘されている。また、東南海・南海地震については前回の地震からすで70年以上経過しているため、今世紀前半にも発生することが懸念されている（資料3-4）。

そこで、総務省消防庁では2016（平成28）年、「南海トラフ地震における緊急消防援助隊アクションプラン」を策定、南海トラフ巨大地震が発生した場合、緊急消防援助隊に係る総務省消防庁や都道府県、各地の消防本部の対応や緊急消防援助隊の運用方針などを定めた。

具体的には、政府が講ずる応急対策に係る緊急輸送ルート、救助・救急、消火活動、医療活動、物資調達、燃料供給、防災拠点に関する活動である。

なお、地震以外の自然災害では1934（昭和9）年に室戸台風、1948（昭和23）年に第二室戸台風、1953（昭和28）年に紀州大災害（南紀豪雨）などの風水害を受けている。

このうち、室戸台風は高知県の室戸岬付近に上陸し、中心の最低の気圧が911・9ミリバール（ヘストパスカル：hPa）、最大瞬間風速約60メートルに達し、近畿地方から新潟県を経て東北地方を横断、近畿圏、とくに京阪神地方を中心に甚大な被害をもたらし、約

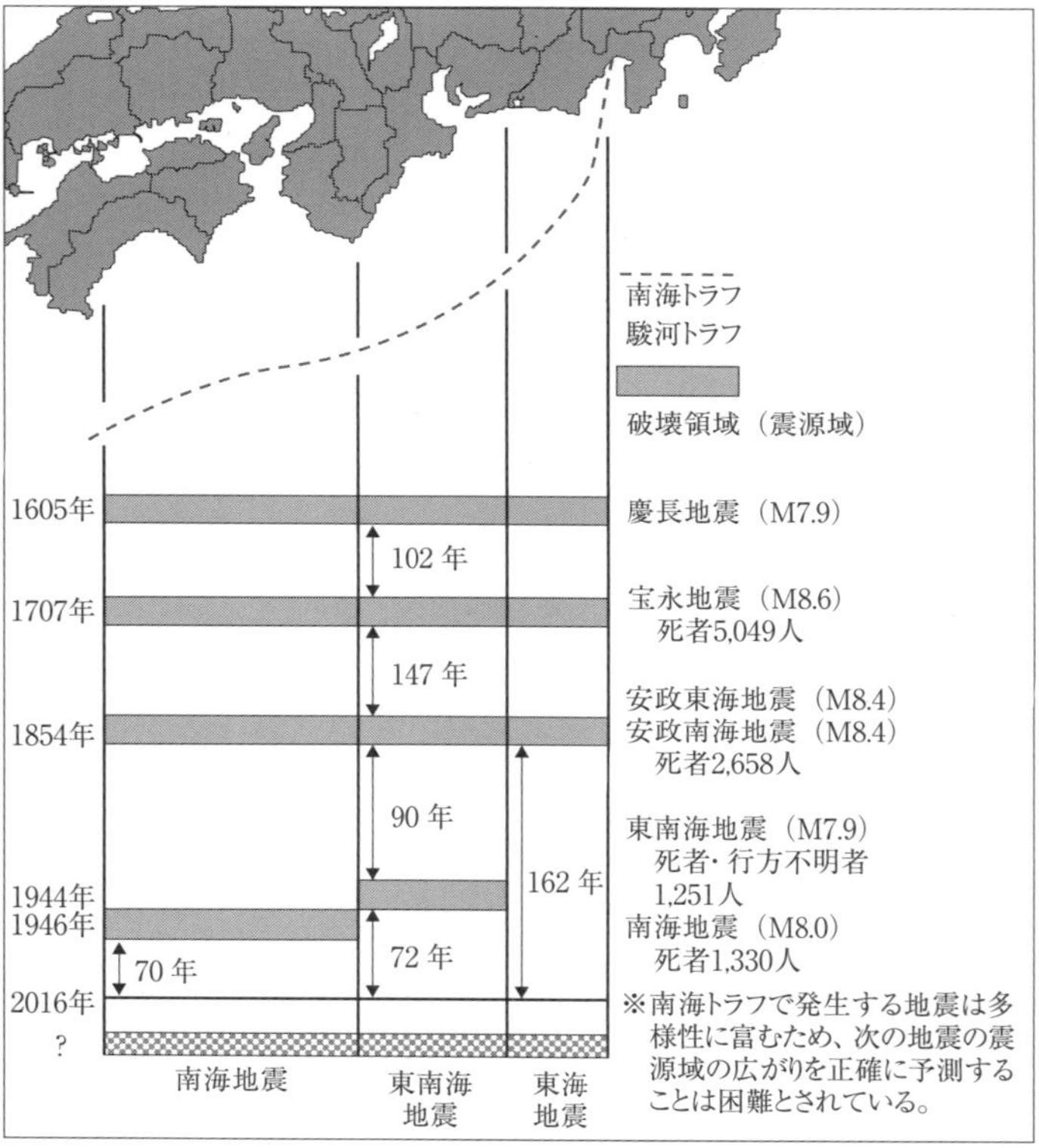

資料 3-4　東海地震と東南海・南海地震
出典：総務省消防庁『消防白書（平成 29 年版）』2018 年

３０００人の死者・行方不明者を出し、１９４５（昭和20）年の枕崎台風[10]、１９５９（昭和34）年の伊勢湾台風[11]と並び、「昭和の三大台風」の一つに数えられている。これに対し、第二室戸台風は同岬に上陸し、中心の気圧が９００ｈＰａ未満で、兵庫県の淡路島や大阪湾などで暴風や高潮による被害が発生、西淀川、港、此花、福島、北、西、大正、西成、城東、都島《みやこじま》区など市域の４分の１が浸水し、死者１９４人、行方不明者８人を数えた。

また、紀州大災害は梅雨前線上を低気圧が発達しながら日本海に進んだため、和歌山県の紀伊半島では期間合計降水量[12]が７００ミリを超え、有田川や日高川などが決壊、有田、御坊《ごぼう》市などの地域が濁流に飲まれ、１０００人を超える死者・行方不明者が出るなど、同県の自然災害史上最悪となった。このため、大阪圏では歩道橋や高速道路、高層、あるいは超高層のオフィスビル、タワマンなどの高台に垂直避難するしか方法がない（写真3‐5）。

そこで、大阪市は２０１５（平成27）年、大阪市防災・減災条例を制定、２０２６年における耐震化率95％を目標とした民間住宅の耐震化のための補助に着手する一方、広域避難場所34か所、一時避難場所１４１０か所、津波・水害避難ビル２８５０棟、一時避難所５５０か所、福祉避難所２９０か所を指定している。また、消防職員約３５７０人、消防車同３００台、ヘリコプター２機、船舶３隻などのほか、自衛隊や警察官も動員、さらに大規模災害の場合、大阪、京都、兵庫、滋賀、和歌山、鳥取、徳島の２府５県が参加している関西広域連合に対し、

写真 3-5　水害のおそれがある大阪（北区の淀屋橋にて）

「広域災害」における救助や消火、支援物資の受け付け・仕分け・配給、被災者の保護などに協力要請する。

一方、大阪市社協は地域福祉計画で市、区、地域の三つのレベルごとに地域割りし、24区すべてにまちづくりセンターを全333のおおむね小学校区に設置、町内会や地域社協からなる地域活動協議会にコミュニティソーシャルワーカー（CSW）を約9割配置、小地域福祉計画の策定や防災リーダーの育成、避難訓練などを通じ、防災および減災のため、市や区と連携、災害時要救護（配慮）者の支援などに努めることにしている（写真3-6）。

なお、大阪圏の周辺には活火山はな

く、比較的近いといえば石川、福井、岐阜県にまたがる白山（同2703メートル）ぐらいのため、地域防災計画にはそのむねの対策はとくにみられないが、噴火の規模や風向きによっては火山灰が降下するおそれもあるため、油断はできない。

加えて懸念されるのが、国内にある計54基の約4分の1の原発が集中し、〝原発銀座〟といわれている福井県嶺《れい》

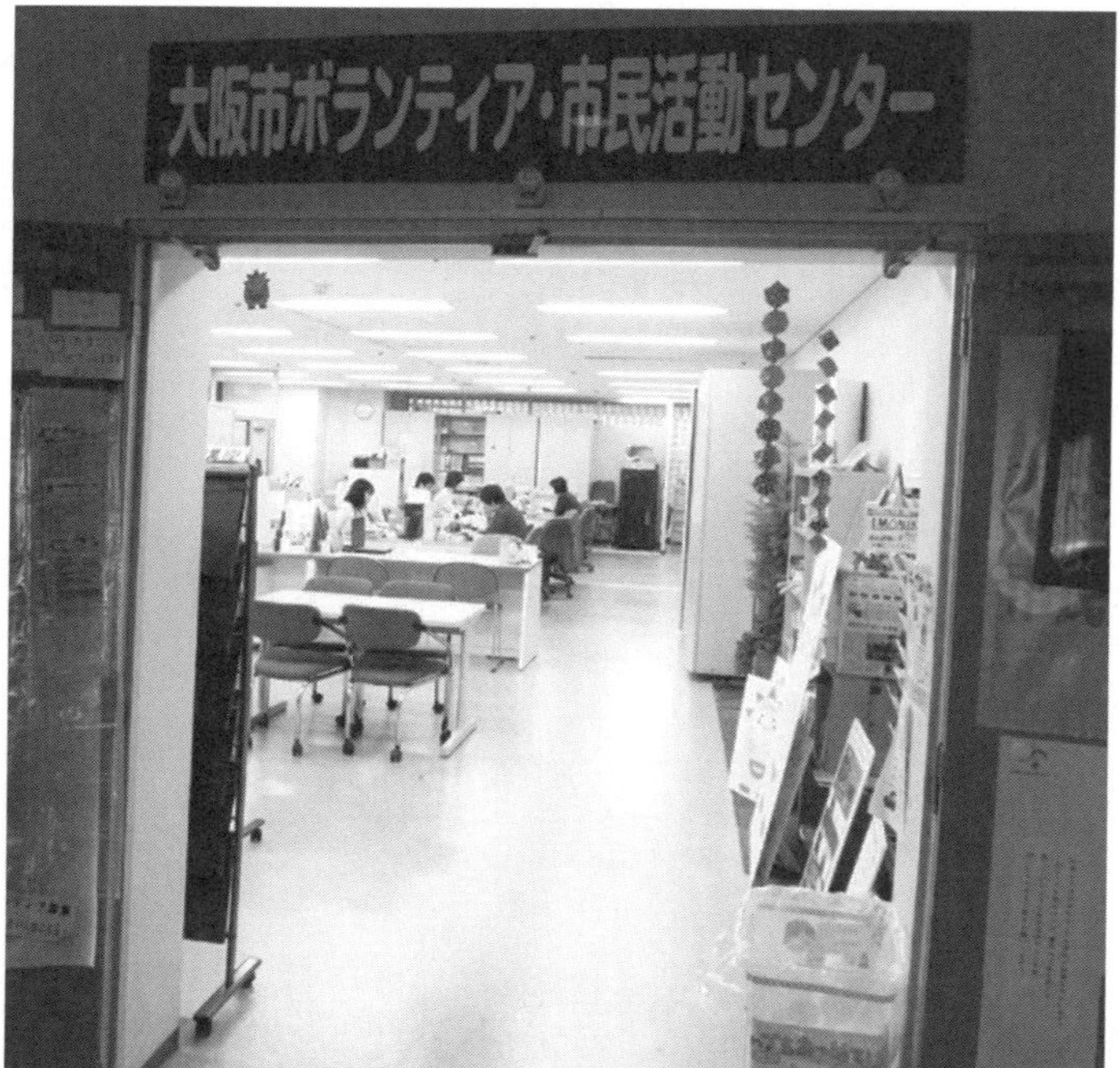

写真3-6　住民参加が求められている防災福祉コミュニティの形成
（天王寺区の大阪市社協にて）

南《なん》地方の敦賀市や大飯《おおい》、美浜町にある関西電力敦賀、大飯、美浜原発、および京都府高浜町の同高浜原発、敦賀市の日本原子力研究開発機構の高速増殖炉「もんじゅ」で、いずれも大阪圏の北方約90キロメートル圏内にあることである。

そのうちの一つ、同美浜原発では2004（平成16）年、3号機の高温の水蒸気による「レベル0+」[13]の労災事故で死者5人を出した。また、高速増殖炉「もんじゅ」は1956（昭和31）年に完成後、20年経つが、これまで一度も運転されていないにもかかわらず、1995（平成7）年、ナトリウム漏れ、2010（平成22）年、原子炉内での燃料交換機落下、2012（平成24）年、機器約1万点の点検漏れ、2015（平成27）年、機器の重要度分類の誤認などのトラブルを起こしているうえ、これまでに国費約1兆円を費やしている。このため、「運転能力がない」として廃炉すべきとの指摘を受け、自公政権はその責任や総括もせず、2018（平成30）年4月、原子力規制委員会の認可を得て、ようやく廃炉を決定した。

一方、トラブルなどのデータ隠しで住民らの反発を受けている関西電力は、一連の原発のうち、美浜原発は稼働後、40年を超えたため、本来、廃炉にすべきであるところ、2016（平成28）年、「新規制基準」を満たすとの原子力規制委員会認可と地元自治体の同意を取りつけ、1・2号機に続き、耐震工事後の2020年ごろ、運転延長の見通しで、建設後、40年経った原発は原則として廃炉という「40年ルール」が骨抜きにされているのが実態である。大飯原発に至っては地元の福井県知事などが使用済み核燃料の中間施設を県外に設置することを検討することを条件に、3号機は2018（平成30）年3月に再稼働、他の原発についても2030年までの再稼働にそれぞれ同意したが[14]、大阪圏の人々もお隣の京都府や滋賀県の住民にまさるとも劣らぬ原子力災害への懸念を抱かざるを得ないのではないか、と思われる。

なお、いずれも研究用だが、大阪府熊取町の京都大学原子炉実験所、東大阪市の近畿大学原子炉実験所の原子炉が2017（平成29）年、原子力規制委員会の「新規制基準」の審査に適合し、ともに稼働しているが、地域防災計画にはとくにその対策は講じられていない。また、第二次世界大戦中、大阪市の天王寺動物園（天王寺区）でも上野動物園などと同様、猛獣の殺処分が行われた。

いずれにしても、大阪圏も東京圏と同様、今後、地震や津波、台風などの風水害、さらには原子力災害にも要注意である。このため、その中心部にある大阪市の行政および社協の連携による防災福祉コミュニティの形成が喫緊の課題となっている（写真3－7）。

写真 3-7　大阪圏にとっても気がかりな原発（北区中之島の大阪市役所前にて）

注

（1）1890（明治23）年に制定された地方行政制度。この結果、現在の府県と郡は自治体として初の組織と機能を持った。
（2）船着き場。
（3）飛鳥時代に設営された都城だが、その存在は確認されておらず、奈良時代に設置された宮と合わせ、京といわれたとされている。
（4）京にあった御所に対する敬語。
（5）大阪府と大阪市を東京23区のような特別区に分割、現行の二重および広域行政を一元化する構想。橋本徹・前大阪市長が提唱、その後、松井一郎・大阪府知事、吉村洋文・大阪市長や関西経済界が引き継いでいる。
（6）大阪府など関係自治体HP、2017年ほか。
（7）内閣府・中央防災会議「歴史地震の震度分布」2003年ほか。
（8）「朝日新聞」2018年3月7日付。
（9）「朝日新聞」2018年3月3日付。
（10）鹿児島県の枕崎付近に上陸、日本列島を縦断し、死者・行方不明者2012人を出した。
（11）高知県の潮岬に上陸し、愛知、三重県を中心に死者・行方不明者5098人を出し、明治以降、最悪の台風による被害となった。
（12）特定の地点における日降水量の合計を特定の期間に合計したもの。
（13）国際原子力事象評価尺度の略称。「評価対象外（安全性に関係しない事象）」から「7（:.深刻な事故）」の計10レベルからなる。1986年のソ連（現ウクライナ）のチェルノブイリ原発と東京電力福島第一原発事故は「7」。

(14)「朝日新聞」2017年11月29日付。

第4章

名古屋圏

1. 地　勢

名古屋圏は、西は滋賀、岐阜県境の伊吹山地と滋賀、三重県境の養老山地および鈴鹿《すずか》山脈、東は愛知県の尾張丘陵、北は岐阜、富山、石川、福井、滋賀県にまたがる加越《ええつ》山地や越美《えつみ》山地を抱えている、そして、南は北アルプス（飛騨山脈）の南端にある鉢盛山（標高２４４７メートル）などを水源とする木曽川、長良《ながら》川、揖斐《いび》川の木曽三川《さんせん》が伊勢湾に注ぐ濃尾平野の中心部にある。

濃尾とは岐阜県の美濃地方と愛知県の尾張地方の合成語だが、静岡県と接する愛知県の三河地方の一部も含まれ、広さは約１８００平方キロメートルと関東平野、石狩平野、十勝平野、越後平野に続き、国内で第五位である。また、名古屋は平安末期、那古野や名護屋などといわれていたが、１８６９（明治２）年、尾張藩が名古屋藩に改称されたのを機に名古屋に統一され、現在に至っている。

しかし、北東部の岐阜県美濃加茂市などは木曽川の河岸段丘、各務原《かがみはら》市などは扇状地、弥富市や飛島村、蟹江町、名古屋市港、中川、熱田《あった》区などの湾岸地区は河川が洪水で氾濫する低地の平野や三角州である、なかには埋立地や海抜ゼロメートルもあるため、有史以来、頻繁に水害に見舞われている。鎌倉時代以降、集落を堤防で囲った輪中《わじゅう》が造られたのはこのような地勢によるものである（地図4-1、地図4-2）。

　また、市の中心部を南北に形成された台地は熱田台地、あるいは名古屋台地といわれ、その北端に名古屋城、南端に熱田神宮が築かれた。また、同神宮は江戸時代、旧東海道の宿場があった宮（現熱田区）として栄え、前方の伊勢湾は旧東海道唯一の海路として木曽三川を経て桑名（現三重県桑名市）に連絡する「七里の渡し」があったが、低地だったため、近代から

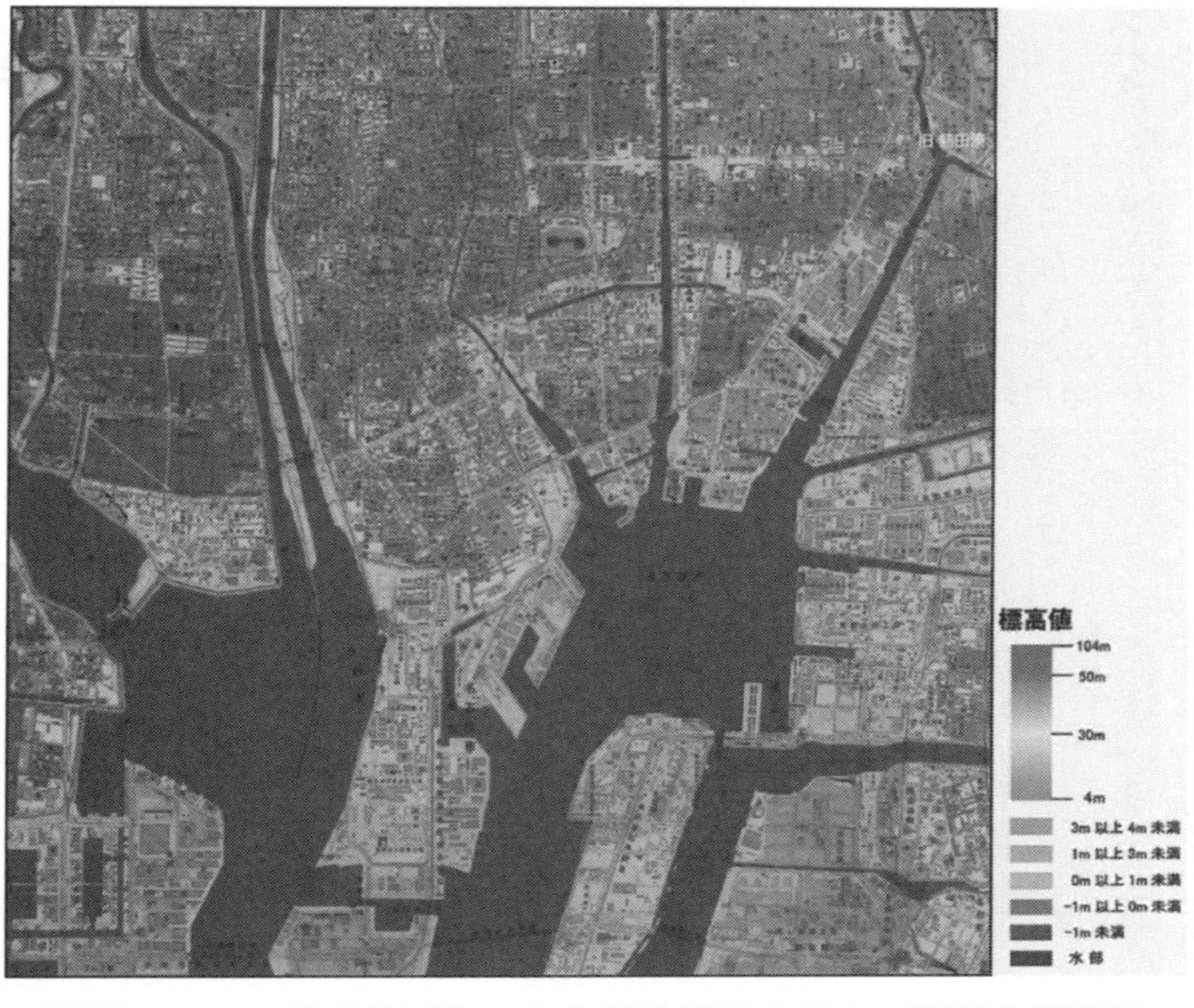

地図4-1　江戸時代以降の名古屋港周辺の埋立・干拓と標高値
出典：国土地理院HP、2018年

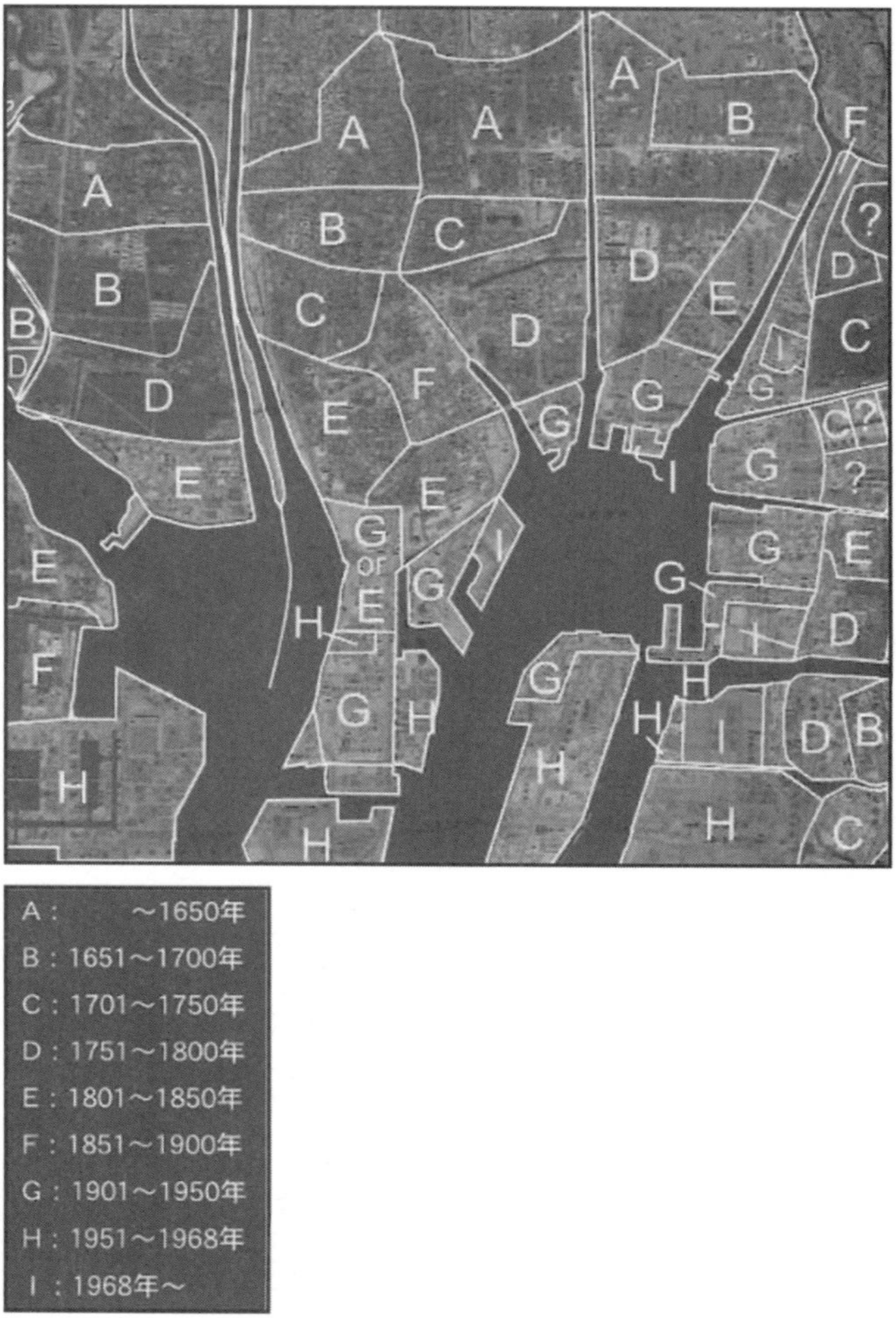

地図 4-2　名古屋港周辺の埋立と干拓の年代
出典：国土地理院 HP、2018 年

戦後にかけて周辺が相次いで埋め立てられ、市街地化された（写真4-1）。

　その名古屋圏は名古屋市を中核とし、かつ日本列島の中央部に位置することから中部地方、また、愛知、岐阜、三重、それに静岡県を合わせて東海地方、あるいは東京と京都の中間に位置するため、中京ともいわれている。もっとも、静岡県は大井川を境に、中核都市の浜松市以西は遠州地方、中部の県都の静岡市と沼津市以東は駿河地方、熱海、伊東市などは伊豆地方で東京圏に含める場合もある。

　いずれにしても、名古屋圏は1959（昭和34）年、国内の風水害史上最強の伊勢湾台風に見舞われ、愛知、三重県を中心に死者・行方不明者計約5000人と

写真 4-1　熱田神宮南端の「七里の渡し」跡（熱田区にて）

いう未曾有《みぞう》の大惨事となったことからもわかるように、港、中川、南、熱田区など湾岸地区を中心に埋立地や低地で地盤が軟弱なうえ、工場の地下水の汲み上げによって最大約1メートルも地盤沈下している。そこへ南海トラフ巨大地震に見舞われた場合、高さ4・8メートルの津波が想定されるため、今も危険地帯であることに変わりはない。

なお、気候は年間を通じ、平野部では温暖だが、夏は蒸し暑い半面、冬は乾燥した「伊吹おろし」が吹きつけるため、体感的には北陸並みとなる。とくに伊吹山地と鈴鹿山脈に挟《はさ》み撃《う》ちされた岐阜県関ケ原町など、同県の南西部や愛知県の北西部では、しばしば大雪になることもある。

2. 政治・経済・社会

名古屋圏は、家康が生誕地の岡崎城（現岡崎市）から浜松（現浜松市）、さらに駿府《すんぷ》（同静岡市）に移り、関ケ原の合戦に勝利、天下統一を果たしたのを機に1612（慶長17）年、名古屋城を築城し、形成された62万石の城下町(1)である。その後、1869（明治2）年、尾張藩が名古屋藩と改称され、現在に至っている。

また、明治期、木曽三川の輪中集落など流域や河口で大規模な治水事業が行われた結果、水害の懸念が消え失せ、一帯のほとんどは田畑や宅地、あるいは東海地方最大のレジャーランド「長島スパーランド」がお目見えした。その湾岸地区は近代から戦後にかけて埋め立てられ、名古屋港や四日市港を中心とした中京工業地帯として発展した。かつての輪中集落も近郊農業の田畑や宅地に変貌した。

ただし、三菱重工業など国内有数の航空機メーカーなどの産業のメッカとあって、第二次世界大戦では東京大空襲を上回るアメリカ軍の大型戦略爆撃機「B－29」計480機が愛知県全体で2515トンもの焼夷弾を無差別に投下、名古屋城など中心地は焦土と化し、826人が焼死、民家約2万6000戸が全焼した。それでも、1954（昭和29）年、戦災復興のシンボルとして名古屋テレビ塔（中区）が完成したほか、1959（昭和34）年、市民の寄付などで鉄筋コンクリート造りの名古屋城の天守閣など一部が復元されたほか、1957（昭和32）年、JR名古屋駅前の地下に日本で最初の地下街「サンロード」がオープン。人口も1969（昭和44）年、200万人の大台を突破、東海・中部地方の中核都市となった（写真4－2）。

その後、周辺の一宮、岡崎、東海、知多、常滑《とこなめ》、豊橋市や岐阜、大垣市、三重県桑名、四日市、津市もこれに刺激されるように稲作や花卉《かき》栽培、繊維工業、あるいは国鉄（日本国有鉄道：現JR）東海道線や中央線、関西鉄道（現関西線）などの主要駅が設けられた。そして、戦後、名古屋市南部や四日市市など湾岸地区が石油化学工業や製鉄業、機械工業などからなる

（緑地はセントラルパーク）

写真 4-2　戦災復興のシンボルの名古屋テレビ塔（中区栄にて）

中京工業地帯として発展、名古屋市を中心とする中部経済圏が形成され、東京圏、大阪圏に次ぐ国内第三位の大都市圏として躍進した（写真4－3）。

とりわけ、戦後の高度経済成長期以降、モータリーゼーションが普及、愛知県豊田（旧挙母《ころも》）市に本社を置くトヨタ自動車をはじめとする自動車産業が急成長し、堅実な県民性もからみ、地元愛知の経済の持続可能性は高まるばかりである。このため、「尾張名古屋は城で持つ」なる異名も今や「尾張名古屋はトヨタで持つ」とまで豪語するほど不況知らずである。

また、１９５８（昭和33）年、元陸軍小牧飛行場が名古屋空港（現愛知

（左手中央は名古屋城。後方は猿投山《さなげ》）

写真 4-3　全国有数の工業都市の名古屋
（JR 名古屋駅の JR タワーにて）

県営名古屋空港）として建設、以来、「中部の空の玄関」となったが、2005（平成17）年、常滑市沖の伊勢湾内の埋立地に建設された中部国際空港（セントレア）が関西国際空港に次ぐ国内第二の海上国際空港としてオープン。成田国際空港（成田空港）、関西国際空港と並ぶハブ空港となった。もっとも、公共交通機関はトヨタ自動車に気兼ねをしてか、大都市圏にしてはまだまだ整備が十分とはいえず、自動車に依存した生活を強いられており、自動車の交通事故死者は今なおワーストワンである(2)。

人口は2015（平成27）年現

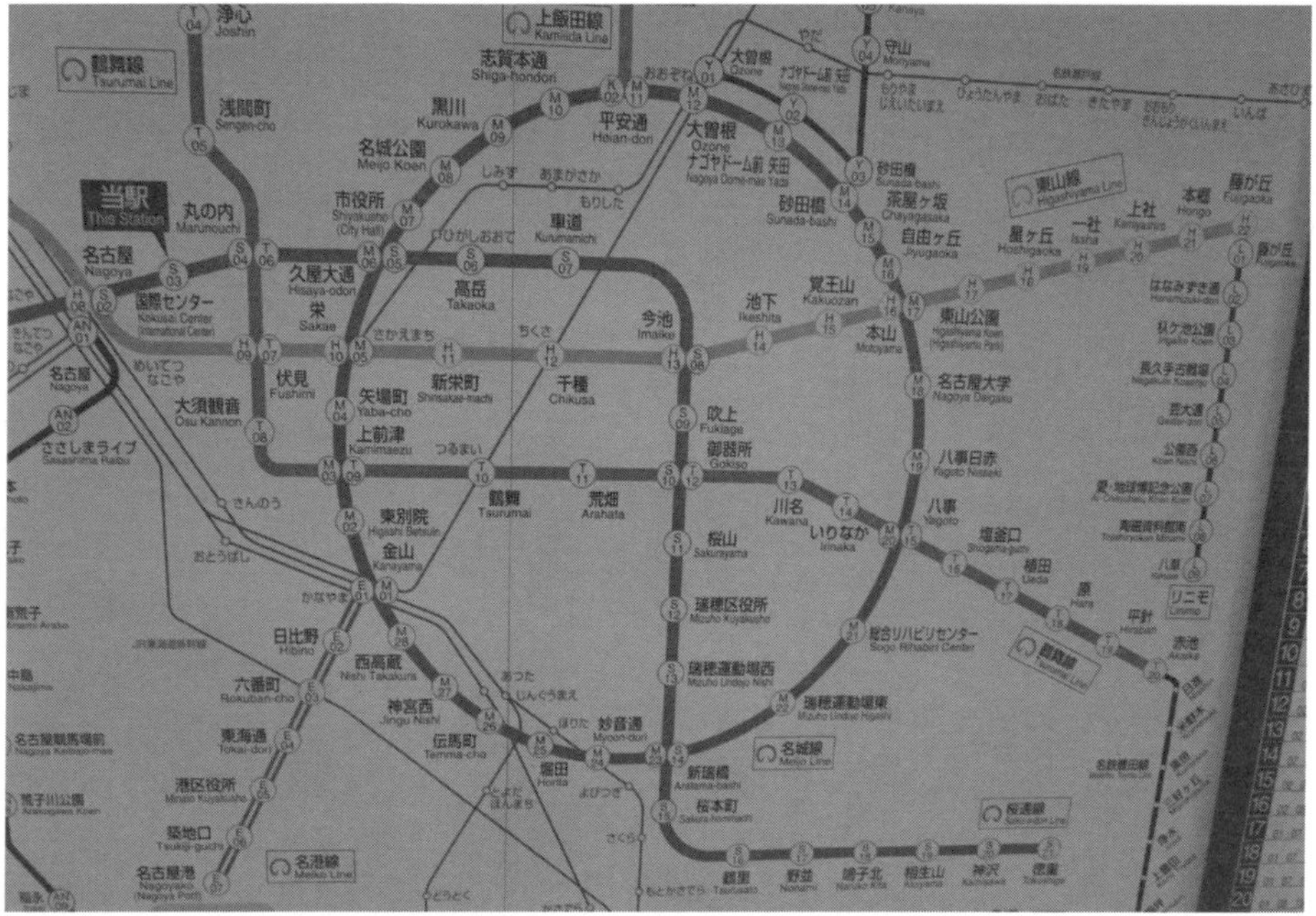

資料 4-1　名古屋圏の公共交通網（地下鉄栄駅構内にて）

在、名古屋市が約２３０万人、「平成の大合併」(3)で周辺の市町村を編入合併し、政令指定都市となった浜松市が同80万人、静岡市が同72万９４５０人、また、豊田市が同42万人、岐阜市が同40万人、四日市市が同31万人などとなっており、東京圏、大阪圏に次いで国内第三位を占めている。もっとも、四日市など三重県の市町村は大阪圏への通勤が便利なため、名古屋圏というより大阪圏に寄り添ったライフスタイルをとっているのが実態である（資料４-１）。

３．過去の災害と今後

名古屋圏などを抱える濃尾平野には白山や能郷《のうごう》白山（同１６１７メートル）から愛知県境にかけ、濃尾断層帯や根尾谷断層帯、梅原断層帯、温見《ぬくみ》断層などが広がっている。しかも、その活動域は総延長約76キロメートルと長い。岐阜県根尾村の水鳥《みどり》地区では上下の差が６メートル、横へのズレの量も４メートルにも及んでいる。

また、愛知県の中部に屏風山・恵那山断層帯をはじめ、猿投山断層帯、伊勢湾断層帯などがあるほか、三重県沖に南海トラフもある。このため、三重県下全域が南海トラフ地震防災対策推進地域、さらに、沿岸部の３市町が南海トラフ地震津波避難対策特別強化地域に指定されている（資料４-２）。

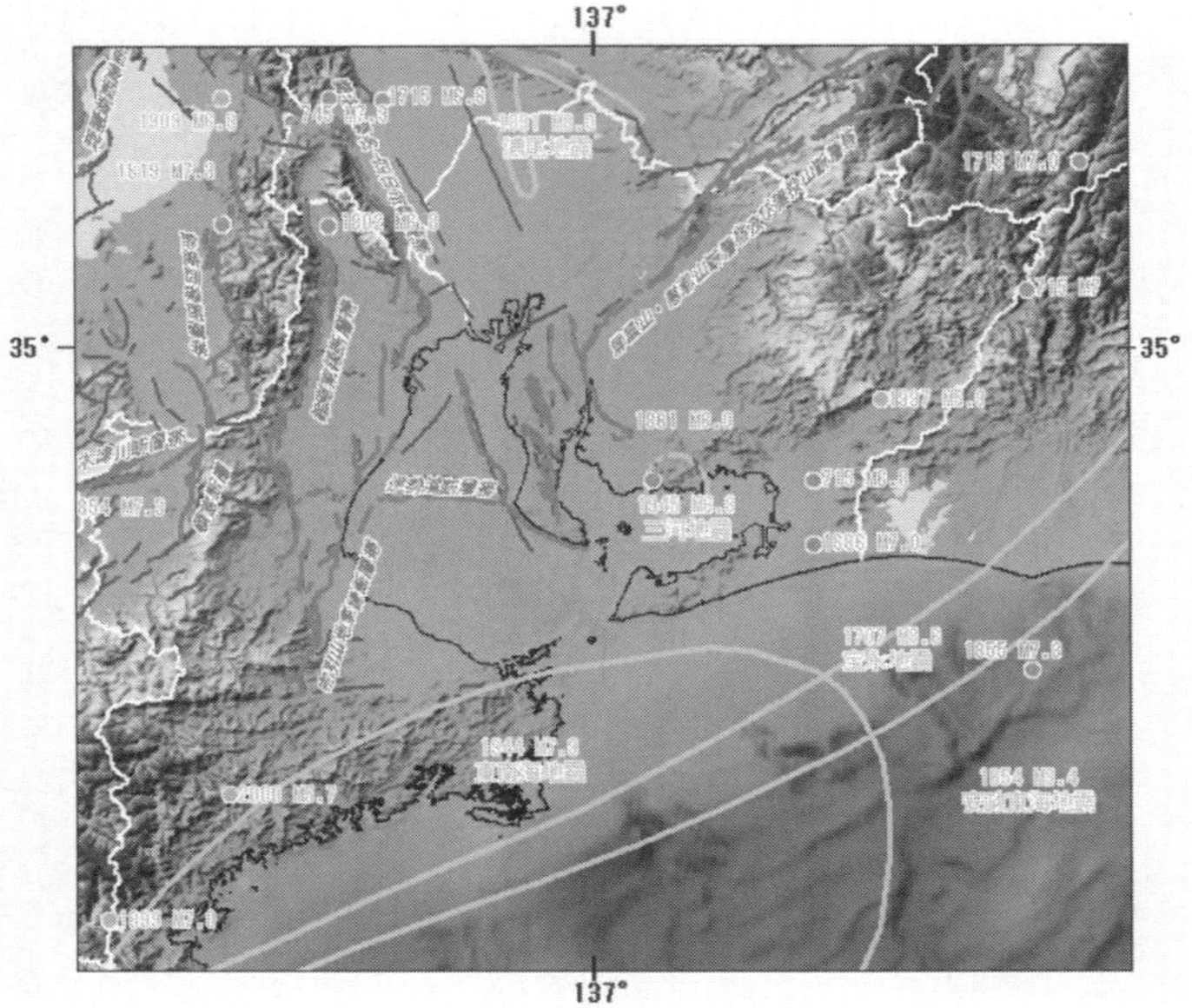

資料 4-2　名古屋圏の断層帯

出典：政府地震調査研究推進本部 HP、2017 年

現に、『続日本紀』によると、715（和銅8）年、遠《とおと》江《うみ》国（現静岡県遠州地方）の浜名湖の西の静岡、愛知県境でM6・5〜7・5の遠江国地震が発生、正倉《しょうそう》[4]47棟が倒壊したほか、長野県の諏訪湖を水源とする天竜川がせき止められ、犠牲者は不明だが、数十日後に決壊して洪水が起きた。

　また、『東寺執行日記』[5]などによると、1586（天正13）年、濃尾―養老断層帯などがほぼ同時に活動し、越中（現富山県）から加賀、越前（同福井県）、飛騨、美濃、尾張、伊勢、近江、若狭（同福井県）、山城（同京都府）、大和（同奈良県））で濃尾地震に匹敵するM７・８の天正地震が起こり、伊勢湾岸では津波に遭って多数の溺死者を出した。さらに、１７１５（正徳４）年、大垣、名古屋、福井市でM６・５〜７・０の地震があり、大垣城の石垣が崩落した。

それだけではない。明治から昭和にかけても各地で地震が発生した。なかでも１８９１（明治24）年の濃尾地震はM８・４、震度６、震源地は岐阜県西根尾村（現本巣市）、震央は岐阜市付近で、愛知県幡豆《はず》郡を中心に死者７２７３人、家屋の全壊７２２１棟など国内史上最大の内陸型地震となった。また、１９４５（昭和20）年、M６・８の直下型の三河地震が発生、２３０６人の死者を出した（資料４-３）。

一方、風水害では１９５９（昭和34）年、伊勢湾台風に見舞われ、三重、愛知、岐阜県を中心に死者４６９７人、行方不明者４０１人を出し、明治維新以来、史上最悪の風水害となった。

そこで、政府は１９６１（昭和36）年、現行の災害対策の基本的な法制である災害対策基本法を制定したわけだが、２０００（平成12）年の「東海豪雨」では愛知県を中心に計10人が死亡、約７万戸が浸水し、総額１兆円近い被害が出たため、今後、あふれた雨水で地下街や住宅街、駅などがマヒしないよう、雨水を分散管理する貯留管やポンプ場の整備が急がれている（写真４-４）。

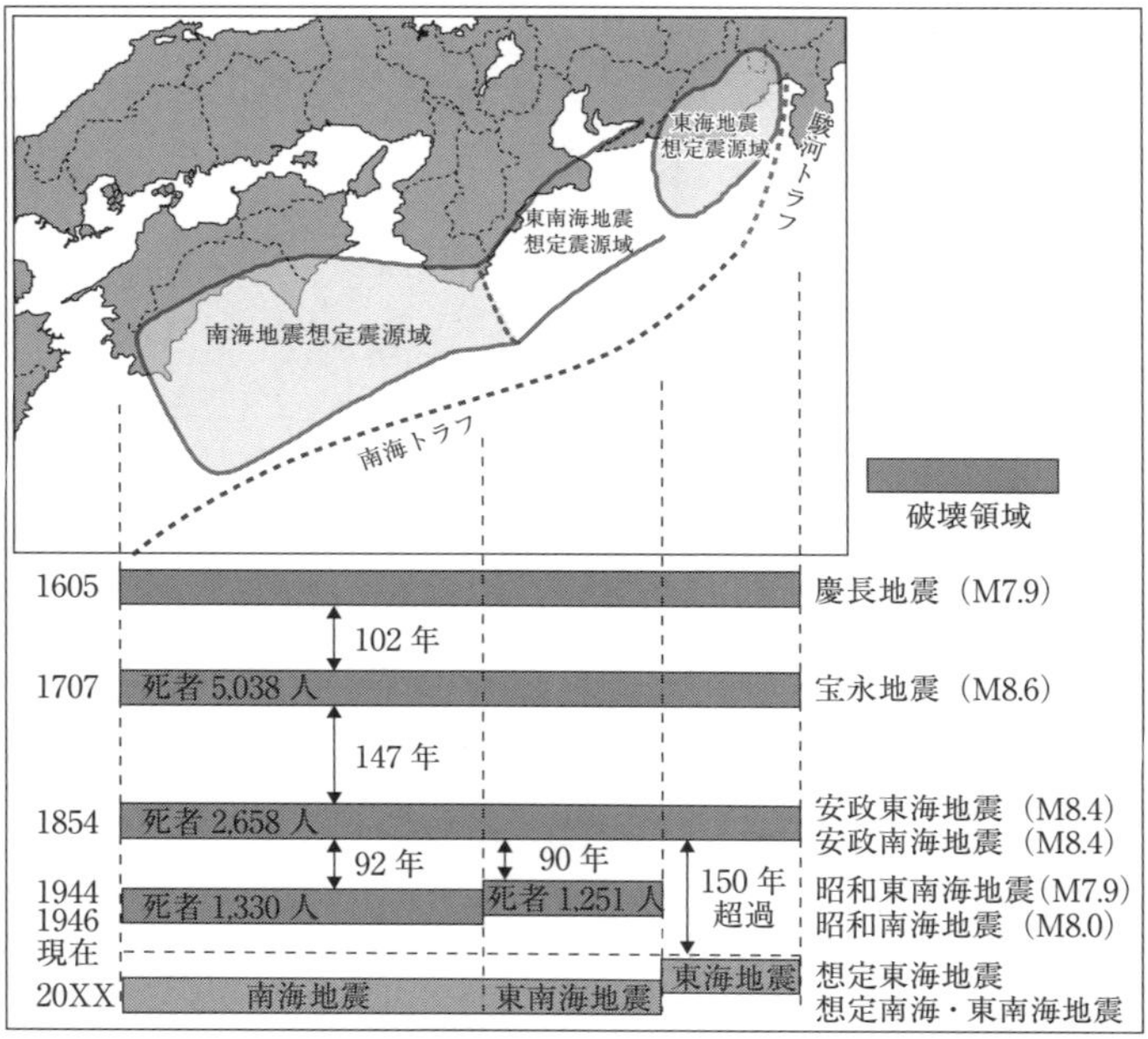

資料４-３　名古屋圏の過去の地震と南海トラフ
出典：徳島地方気象台HP、2017年

このような折、２０１４（平成26）年、噴火警戒レベルが「１（活火山であることに留意）」だった岐阜、長野県にまたがる御嶽山（同３０６７メートル）が突然、大噴火し、火口付近に居合わせた登山者ら58人が死亡、戦後最悪の火山災害となった。名古屋圏にはこの御嶽山のほか、周辺に白山や長野県の北アルプス・焼岳（同２４５５メートル）などの活火山もある。

そこで、今後だが、静岡県を含めた東海地方は実は

写真 4-4　災害対策基本法制定のきっかけとなった伊勢湾台風
（港区の伊勢湾台風記念碑にて）

フィリピン海プレートの上で、かつ駿河湾内から同湾口にかけて駿河トラフがあるほか、駿河湾から三重県の熊野灘沖、さらに四国沖から九州沖にかけて南海トラフがある。また、フィリピン海プレートが陸側に太平洋プレートへ沈み込んでいるため、内陸部を震源域とするM8～9クラスの南海トラフ巨大地震が憂慮されている（前出・図表4-3）。

しかも、その確率は向こう30年以内に70～80％とされ、最悪の場合、市内で震度6弱～7で、豊橋市は最大20・5メートル、名古屋港には同3～5メートルの津波が押し寄せると想定されている。この場合、名古屋市内では湾岸地区など全体の24％が浸水、約6400人が死亡、建物は同9万4000棟倒壊し、同18兆8600億円に達するおそれがある。

また、避難者は長期の冠水に伴い、地震から1か月後で約180万人と全国最悪と想定されている。このため、2016（平成28）年、名古屋港沖の全長約8・3キロメートルの高潮防潮堤を最高約8メートル、防潮壁も同6〜6・5メートルかさ上げした（写真4‐5）。

また、名古屋市近郊の猿投―高浜断層帯地震によって東海道新幹線が脱線・転覆し、1便当たり乗客約

写真4‐5　南海トラフ巨大地震で津波が懸念される名古屋港
（港区の築地ガーデン埠頭《ふとう》にて）

1000人以上死亡するおそれがある。とくに愛知県は日本のものづくりの最先端を行く工業都市であるため、このような大規模地震に見舞われ、本社が被災しても周辺の支店や営業所がその代わりを務め、事業が継続され、かつ就業者の雇用に支障を来《きた》さないよう、事業継続計画（BCP）の策定や改定に努めたい。

さらに、これらの地震に誘発され、富士山や箱根山が噴火すればその影響も少なくない。2014（平成26）年、突如、大噴火し、死者58人、行方不明者5人を出した御嶽山麓の東約10キロメートルにある牧尾ダムは愛知用水の「水がめ」で、噴出物が検出されたほどの要注意の活火山である。

ところで、JR東海は2027〜2045年、品川〜名古屋・大阪間を約40分で結ぶリニア中央新幹線の建設をめざしているが、総延長286キロメートルの約86％は静岡県の南アルプス（赤石山脈）などの地下のトンネルで、かつ糸魚川《いといがわ》・静岡構造線断層帯など複数の活断層を横断するため、同アルプスの景観や動植物の生息への影響、トンネル事故など防災上の懸念も聞かれている。にもかかわらず、政府は2017（平成29）年現在、約1000兆円の借金を抱え、かつ毎年膨張させているなか、総額約9兆円の建設費のうち、6分の1の同1兆5000円を財政投融資に当てている。

また、メディアまでもが2020年開催の東京五輪とともに計画の実行に向け、推奨する報道に躍起だが、環境および災害対策は本当に大丈夫なのか、疑念を抱かざるを得ない。

このほか、御嶽山の火口から半径約60キロメートル圏内の活断層の上に中部電力浜岡原発が静岡県御前崎市に5基も建設されており、うち、2基は廃炉になるものの、残りの3基は防波堤を高さ約4メートルかさ上げし、22メートルとしているが、地震対策そのものには手をつけていないまま再稼働をめざしている。このため、御嶽山が万一、噴火したり、浜岡原発が事故を起こしたりした場合、周辺の道路の不通や停電、各種家電や電子機器のスイッチ類の接触不良、火山灰の降下、堆積による冷却の不良・過熱に伴う火災、家屋の類焼や倒壊、津波によって東海道新幹線や東名高速道路、新東名高速道路がストップするほか、高レベル放射性物質の拡散などに伴い、名古屋圏はおろか、東京圏の都市機能も不全となり、総額約2兆5000億円もの損害が出るおそれがある（写真4-6）。

そこで、名古屋市は2006（平成18）年、名古屋市防災条例を制定、さらに2017（平成29）年、地域防災計画を改定し、南海トラフ巨大地震をはじめ、暴風や竜巻、豪雨、洪水、崖崩れ、土石流、高潮、地震、津波、地滑りなどの自然災害や大規模火災、爆発、放射性物質の大量放出、車両、船舶、航空機などによる集団的大事故や産業災害などに対処すべく、市など関係機関が処理すべき事務や業務の大綱を中心に災害予防や災害応急対策、さらには災害復旧について定めた。

写真 4-6　静岡県にある中部電力浜岡原発（御前崎市にて）

具体的には、2026年における耐震化率95％を目標とした民間住宅の耐震化や液状化、浸水、津波、高齢者や障害者、児童、妊婦など災害時要支援（配慮）者支援のため、全16区ごとにハザードマップを作成、配布する一方、全266小学校区に広域避難場所計34か所、一時避難場所同1410か所、津波・水害避難ビル同2850棟、一時避難所同550か所、福祉避難所同290か所を指定、町内会長や区政協力委員、組織率99・9％、計4687か所（町内会同5162）の自主防災組織と連携、学区防災安心まちづくり委員会を開くなどして防災と減災に努めている。とくに南海トラフ巨大地震の際、96分後に最大3・6メートルの津波が襲うおそれのある港、南、熱田、中川区などの湾岸地区は湾岸・河川津波、JR名古屋駅や地下鉄栄駅周辺の地下街や南、熱田、中川などの木密は広域防災拠点に指定、また、2017（平成29）年、愛知県や名古屋大学と連携、あいち・なごや強《きょう》靭《じん》化共創センターを設置し、防災人材育成研修や地震保険・共済の加入、地震などの防災訓練などを実施している。

そして、災害時、千種《ちくさ》区東山公園内の東山スカイタワー（高さ134メートル）に設置した防災行政無線により、全市民に避難誘導を呼びかけるほか、消防職員約2300人、消防車同280台、ヘリコプター2機、船舶1隻、さらに自衛隊や警察官を動員、被災者の救助や消火、支援物資の受け付け・仕分け・配給、被災者の保護などに当たる。また、北名古屋、瀬戸、春日井、小牧、尾張旭、豊明、日進、清須、長久手市、東郷、豊山町の東尾張9市2町による災害時相互応援協定にもとづく関係職員の応援など後方支援を受けることになっている（写真4−7）。

写真4-7　防災福祉コミュニティ形成へ期待される名古屋市　（中区の同市役所前にて）

一方、同市社協は市の地域福祉計画と連携し、２０１７（平成29）年の段階で、全２６６小学区で地域福祉推進協議会による、ふれあいネットワーク活動を展開しており、そのなかで高齢者や障害者、児童、妊婦などの災害時要支援（配慮）者の見守りや助け合いなど、全区、小学校区、区社協ボランティアセンターの三位一体化による防災への啓発や見守り、安否確認を通じ、災害に備えているが、これらの学区での地域福祉コーディネーター（コミュニティソーシャルワーカー：ＣＳＷ）や生活支援コーディネーターの配置はまだ不十分というのが実態である（写真４‐８）。

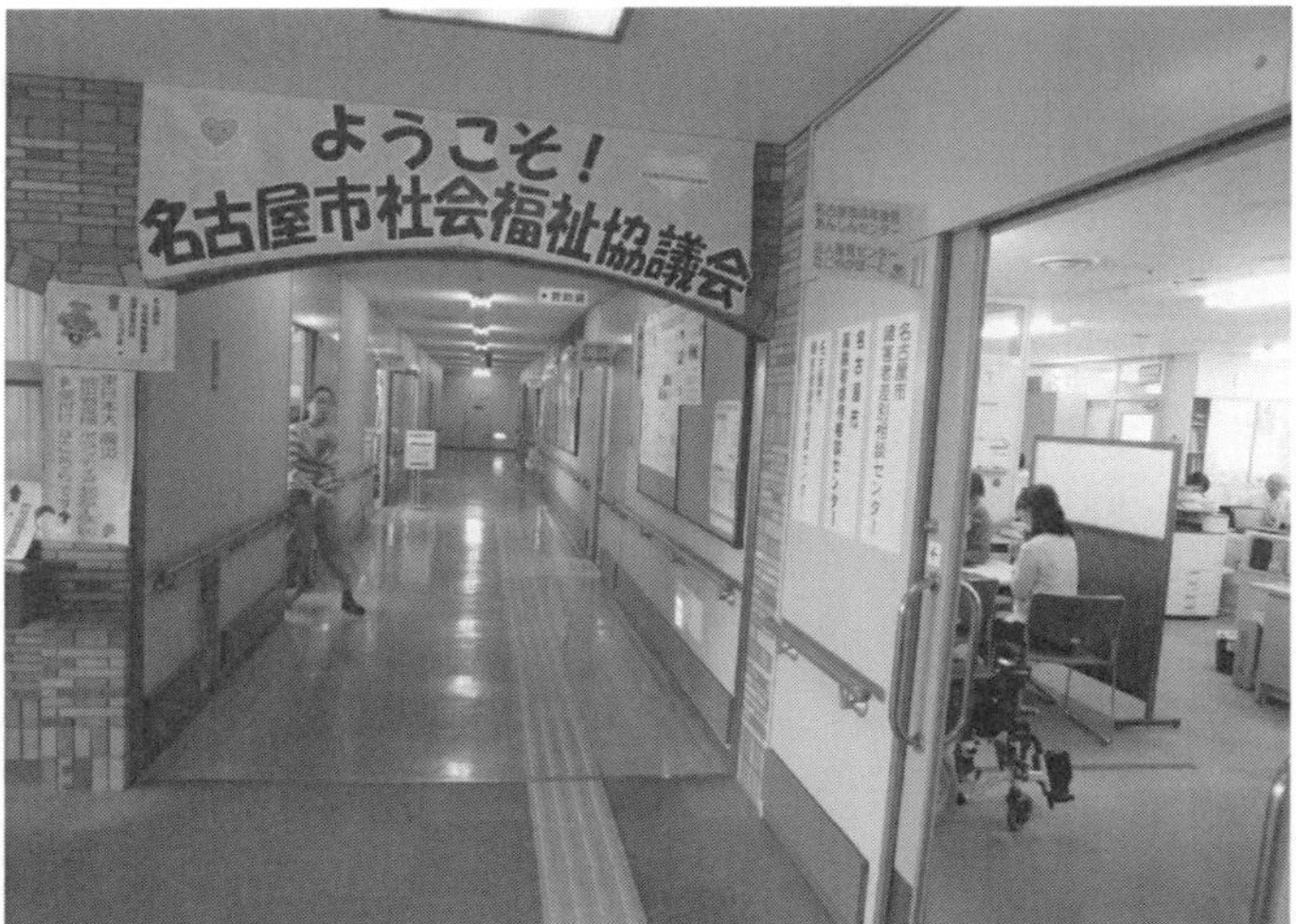

写真４‐８　防災福祉コミュニティの形成へ期待される名古屋市社協
（北区の同市総合社会福祉会館にて）

このようななか、地元の住民や愛知県境の静岡県湖西《こさい》市長、弁護士らは中部電力浜岡原発を相手取り、廃炉や使用済み核燃料の保管方法の変更などを求める訴訟を起こしているが、名古屋圏の住民にとって、福井県の〝原発銀座〟と同様、「対岸の火災」などと見過ごすことができない。このため、名古屋市および同市社協による防災福祉コミュニティ形成への取り組みが注目される。

なお、第二次世界大戦中、名古屋市の東山動物園（千種区）でも上野動物園や天王寺動物園と同様、猛獣の殺処分が行われたことを思い起こし、大規模災害やテロ、有事の際の避難や保護への対応を考えておくべきであることに変わりはない。

注

（1）最大は加賀藩の103万石、以下、77万石の薩摩藩、63万石の伊達《だて》藩の順で、尾張藩は第四位。

（2）警察庁調べによると、2016年現在、二位は千葉県、三位は大阪府、四位は東京都、五位は北海道。

（3）前出『市町村合併と地域福祉』。

（4）律令体制下、中央や地方の官衙や寺院など設置された穀物や財物を保管する倉庫。

（5）京都市の東寺の住職らが寺内の各職や法会、儀式、年中行事、寺領の荘園の支配、さらには室町幕府や守護大名などの動静を記した日記。

終　章

大都市災害と防災福祉コミュニティ

1．大都市機能の持続可能性

(1) インフラの維持管理

さて、これまで東京、大阪、名古屋の三大都市圏の地勢や政治・経済・社会、過去の災害と今後について述べてきたので、終章として、これらの大都市における災害対策として防災福祉コミュニティを形成するうえでの課題およびその方策について提起したい。

その第一は、大都市機能の持続可能性である。

具体的には、まずインフラのメンテナンス（保守管理）[1]である。なぜなら、三大都市圏の多くのインフラは半世紀以上も前の戦後の高度経済成長期に建設されたものの、その後、メンテナンスよりも新たな建設の方に力点が置かれており、老朽化が進んで損傷が著しく、各地でトラブルが相次いでいるため、首都直下地震や南海トラフ巨大地震など、想定されている大規模災害によって大惨事のおそれがあるからである。なかでも鉄道や道路、橋梁、トンネル、空港、港湾などのインフラは日本経済の発展と国民の福祉向上に欠かせない。

現に、東京圏ではＪＲ山手線や東京地下鉄（東京メトロ）は老朽化による事故の懸念が高まっているため、耐震補強工事などに余念がない（写真終-1）。

また、大阪圏では２０１７（平成29）年、99年前に完成した大阪～和歌山間の南海本線の橋梁がズレて線路が陥没、一部が脱線し、５人が軽傷、全面復旧までに1か月もかかった。さらに、同年、ＪＲ東海道・山陽新幹線の博多発東京行き「のぞみ34号」の車両の一部の台車に長さ14～16センチにわたって亀裂が生じ、あわや脱線、転覆という「重大インシデント」(2)を起こした。しかも、その原因はメーカーの川崎重工業が厚さ8ミリとされていた台車枠の底面を製造の際、３・９～４・７ミリも削っていたというから唖然《あせん》とする。

一方、名古屋圏では２００２（平成14）年、名古屋市営地下鉄藤が丘～愛知環状鉄道八草間（89キロメートル）を連絡する愛知高速交通リニアモーターカー、東部丘陵線の長久手市の建設工事現場で、片側二車線の県道の中央分離帯の部分と中央寄りの車線の一部が長さ7メートル、幅8メートル、深さ4メートルにわたって陥没し、掘削機1台が転落した。幸い、走行車両がなかったため、死傷者はなかったが、現場周辺の地下一帯は江戸時代から昭和30年代にかけ、良質な燃料として亜炭鉱が採掘されたものの、その後、エネルギー源が

写真終 -1　老朽化したため、耐震補強工事中の JR 山手線（東京都千代田区の有楽町駅高架下にて）

石油に代わったため、廃坑、埋め戻しなど復旧工事が進められた跡地である。しかも、今も空洞が無数にあるにもかかわらず、時代の流れとともにその存在が忘れ去られつつあるなか、事故になった。

ただし、このようなメンテナンスの怠慢は今に始まったことではない。なぜなら、三大都市圏の地下鉄や路線バスなどのワンマン運転は常識となっているなど、乗客の安全よりも人件費の節減など利潤追求の方が優先されているからである。まして少子高齢化を受け、熟練した作業員が次々と定年退職し、次世代の育成が不十分ななか、災害時にどこまで対応できるか、危ういことこのうえない。

また、道路も１９６４（昭和39）年の東京五輪の前後、大挙して建設されたものが多いため、どこも老朽化や輸送トラックによる過重の負荷を受けており、素人でも目視できるほどの危うさである。

現に、阪神高速道路の神戸線は阪神・淡路大震災によって倒壊、マイカーなどに乗車していた16人が犠牲となった。東京都江東区などの幹線道路も東日本大震災によって厚さ約30センチの噴き砂が観測、最大約42平方キロメートルにわたって液状化し、住宅などが傾いた。

また、いずれもけが人はなかったが、２０１４（平成26）年、港区麻布十番の区道、２０１６（平成28）年、名古屋市中、千種区の市道、２０１７（平成29）年には大阪市東住吉区で水道管が破裂、数メートルそれぞれ陥没した。

　このようななか、ＪＲ東海は約３兆円もの政府の財政投融資の原資も含め、総額約９兆円を投じ、２０２７年、ＪＲ品川～名古屋・大阪間でリニア中央新幹線の建設に着手、地元の一部はその経済効果に期待を寄せているが、品川～名古屋間の約25キロメートルは南アルプス（赤石山脈）をくり抜くトンネルで、かつ長野県北部から山梨県南部にかけ、糸魚川―静岡構造線断層帯があるため、きわめて危険である。そのうえ、品川～名古屋両駅の新設工事をめぐり、大手ゼネコン（総合建設会社）４社による談合事件が発覚、東京

写真終 -2　官庁街で進むリニア中央新幹線の建設工事
（名古屋市中区三の丸の官庁街にて）

地方検察局は独占禁止法違反で東京地方裁判所に起訴、その成り行きが注目されているが、このような工事の発注元との蜜月による談合事件は今に始まったことではない（写真終-2）。

また、橋梁やトンネルでは2016（平成28）年、神戸市北区の新名神高速道路・有馬川橋の工事現場で長さ約124メートル、重さ同1・359トンの鋼鉄製の橋桁《はしげた》が約15メートル下の国道176号線に落下した。幸い、負傷者は出なかったが、国土交通省によると、このようなコンクリートの劣化や鋼材の腐食などで崩落寸前の状態にある橋梁は2009（平成21）年現在、全国で121基あり、その約1割は東京圏と大阪圏に集中、乗用車や輸送トラックの転落事故など人為的災害が心配されている。このため、政府は災害時、自治体や企業など事業所、避難所と協定を結び、避難所のスタッフにタブレット端末を支給、支援物資の仕分けや配給をするシステムを開発中だが、このような対策もさることながら、橋梁やトンネルそのものを改修するなど抜本的な災害対策を講ずるべきである。

一方、空港は羽田空港、関西国際空港、中部国際空港、港湾は東京港、大阪南港、名古屋港のいずれも埋立地に立地し、毎日、国内外の旅客便や貨物便が離着陸したり、出入港したりしているうえ、周辺は石油コンビナートや火力発電所が集積しているため、津波や高潮、液状化、不等沈下、爆発、火災などのリスクを抱えている。

ところが、政府は2016（平成28）年、国の借金が約1000兆円と先進国のなかで最悪であるにもかかわらず、２０６５年、本格的な少子高齢社会や人口減少のピークとなることを理由に社会保障給付費の自然増を抑制する半面、「復興五輪」に名を借りて東京五輪を２０２０年に招致したり、新幹線や高速道路、３ルートもの本四連絡橋の建設[3]など土建型公共事業に特化した経済政策を優先させている。これを改め、インフラのメンテナンスや社会保障の充実を最優先し、国民の安全・安心を確保するため、政策を大転換すべきである。

（2）オフィス街や繁華街、木密の整備

次は、オフィス街や繁華街、木密の整備である。なぜなら、関東大震災や阪神・淡路大震災でも明らかなように、これらの地域は同時火災によって大火災となり、多くの人命が奪われたからである。

このうち、オフィス街や繁華街のビルの多くは１９８１（昭和56）年の「旧耐震基準」以前のものが少なくなく、震度６強で倒壊するおそれがある。とくに東京圏ではその傾向が強く、計約１万棟のうち、同１７００棟と全体の同17％がこれに当たる。

また、国土交通省によると、木密は２０１５（平成27）年現在、東京都に１６８３ヘクタール、大阪府に２２４８ヘクタール、愛知県に１０４ヘクタールあり、そのほとんどは第二次世界大戦以前から密集していたり、戦後の高度経済成長期、地方からの人口流入に伴って売却地

に小規模住宅が続々と建設、スラム化し、その後、高齢化の進行で住人が死亡、空き家になったり、所有者が不明となったりしている地域も少なくない。いきおい、コミュニティは崩壊しているため、町内会や自治会による自主防災組織はほぼ100％整備されているものの、参加者はきわめて少ないうえ、狭路のため、災害時、消防車や救急車が出動できず、被害を大きくする懸念もある。

なお、官庁街や繁華街、湾岸地区では高さ60メートル超、20階以上で、かつ数千人以上居住、または利用の高層、あるいは超高層ビルやタワマンが林立、2017（平成29）年現在、三大都市圏を中心に全国に約2・500棟あり、うち、半数以上は築45年を超えている。しかも、その多くは埋立地や低地に立地しているため、地盤が軟弱で、災害時、液状化や不等沈下、さらに共振(4)による損傷の心配があり、2017年、79人の死者・行方不明者を出したイギリス・ロンドンの高層公営住宅火災は決して「対岸の火災」ではない。

ちなみに、東日本大震災の際、54階建ての新宿センタービル（新宿区）をはじめ、55階建ての大阪府咲洲《さきしま》庁舎（さきしまコスモタワー：大阪市住之江区）、JR名古屋駅前（中村区）の46階建てのミッドランドスクエアなどで3～6メートルの長周期地震動となり、事務機器や家具などが左右に移動、負傷者が出た。

また、地下街は2013（平成25）年現在、三大都市圏を中心に全国に78か所、総面積約

１２０万平方・キロメートルに及ぶが、国内最大級の大阪市北区の梅田の場合、南海トラフ巨大地震に見舞われればわずか15分で地下街の全体の71％が浸水、30分後には同80％を超えると推計されているなど、いずれも地震発生時の施設や利用客の安全の確認、避難の誘導も課題となっている⑸。

そこで、政府は１９７８（昭和53）年の宮城県沖地震を教訓に、１９８１（昭和56）年、建築基準法を改正、震度６強の揺れでも建物が倒壊しないよう、「新耐震基準」、２０００（平成12）年、阪神・淡路大震災を機に性能規定を追加したものの、住人の利権利害や相続問題がからんで耐震化が進んでおらず、「新耐震基準」を満たさないものも少なくない。このため、平常時の高齢者や障害者、児童、妊婦など災害時要配慮者の見守りや安否確認はもとより、避難誘導や避難経路の確保などが新たな課題となっている。２０１８（平成30）年、札幌市の老朽化した生活困窮者支援施設で火災が発生、生活保護などを頼りに身を寄せていた高齢者11人が犠牲になったが、このような老朽化した社会福祉施設や住宅は三大都市圏にもある。

そこで、高層、あるいは超高層のオフィスビルやタワマンが密集した官庁街や繁華街、木密は自治体が他の地域に等価交換するなどして整地し、地震や津波、台風、暴雨などによる河川の氾濫、洪水などの風水害等、災害時、避難協力ビルとするほか、郊外の生産緑地など農地を広域避難協力用地として提供すべく、ＪＡ（農業協同組合）など関係者と協定を締結し、住民の交流の場や広域避難施設、防災備蓄倉庫にするなど防災福祉コミュニティの形成に努めるべきである（写真終－3）。

写真終－3　繁華街の商業ビルも避難協力したい
（新宿区の歌舞伎町にて）

(3) ライフラインと食の安定供給

続いてはライフラインと食の安定供給である。なぜなら、ライフラインとは文字どおり、災害時の被災者の命と暮らしを左右する生命線だからである。

このうち、ライフラインは大規模災害に見舞われ、停電やガス、上下水道が停止すれば避難生活がままならなくなる。また、災害情報も入手できなくなるため、パニック状態となるおそれがある。

そこで、東京都は2017（平成29）年現在、区市町村の分も含め、食料2326万食、毛布296万枚、カーペット239万枚を備蓄する一方、2015（平成27）年、『東京防災』を発行して全世帯に配布、災害時に備え、都民も食料や飲料水などの備蓄や自主防災組織への参加、また、民間ビル業者に対し、首都直下地震の際、首都圏で最大約517万人の帰宅困難者の保護のため、食料や飲料水の備蓄、一時滞在避難所としての開放、震災時用井戸の提供を依頼している。このような取り組みは大阪、名古屋圏も同様だが、基本的には国民・住民が平常時、どの程度、このような備蓄や災害への備えに自助や互助として努めているかが問題だが、自主防災組織は東京、大阪、名古屋圏ともほぼ１００％とはいうものの、平常時の防災学習や防災訓練など参加する住民はごく一部で、甚だ心もとない。

また、上下水道も高度経済成長期に整備されたものが多いため、老朽化が著しく、東京都区部では建設後、１００年を経過しているものもある。大阪府の場合、老朽化した水道管が全国で最多の２７・２％に上っており、[6] 災害時の飲料水の確保が危ぶまれている。

このほか、災害時、避難生活で問題となるのはトイレだが、被災者が大勢のため、容量がオーバー、利用を我慢して体調を崩し、死亡するなどのケースも少なくない。このため、２０１６（平成28）年の熊本地震などではマンホールや段ボール箱をトイレの代用としたところもあったが、学校などの避難所で災害用トイレを整備、住民に周知徹底を図っておくことが必要である。

このようななか、気象庁はテレビやラジオ、携帯電話、スマートフォン（スマホ）などで緊急地震速報や災害・避難情報、また、国土交通省は「防災ポータブル」により関係省庁の被害想定や交通情報を集約、総合防災情報システムなどを通じ、情報公開しているが、〝縦割り行政〟による不徹底やメーカー任せのところもある。このため、システムの読み取りにエラーが生じ、自治体が正確な情報を迅速に受信できず、防災行政情報として国民・住民に的確、かつ迅速に配信されなければ大混乱を招きかねない。

そこで、気象庁は災害時、JETT（気象庁防災対応支援チーム）の職員を被災した自治体に急行させ、観測データを提供して今後の見通しなどを解説、災害の対応に役立ててもらうことにしているが、国民・住民も平常時、防災訓練に参加したりして災害時に混乱することがないよう、自助や互助に努めることが必要である。

一方、食の安定供給だが、２０１６（平成28）年現在、東京圏の人口は約３５２７万人、大阪圏は同１８１８万人、名古屋圏は同１１１５万人の計６４６０万人と総人口の約半分を占めているため、大量の確保が必要である。

ところが、主食である米はもとより、野菜や果樹、魚介類、肉類、電力などを近郊農業や地方の生産地に大きく依存している。なぜなら、食料自給率（カロリーベース）は２０１７（平成27）年現在、全国平均で39％（概算値）と２０１０（平成22）年以降、下止まりのままのなか、東京都は1％、[7]大阪府も2％と、地場産業や近郊農業に比較的恵まれている名古屋圏に比べ、地方の農林産物や水産物など生産地にほとんど依存している。このため、東京圏や大阪圏の場合、大規模災害に見舞われれば幹線道路の交通規制によって物流がままならなくなり、被災者の命と暮らしに関わることは想像するまでもないからである。

そこへ、経済のグローバル化を受け、新たなＴＰＰ（環太平洋経済連携協定）やアメリカとの間のＦＴＡ（自由貿易協定）など、諸外国との間における関税や輸入割り当てなどを一定の期間内に撤廃、削減する問題が浮上しているうえ、地球の温暖化に伴って農作物の生育不良や感染症の広がりもあり、より安全な国内の農林水産物など食の安定供給および確保はますます不透明な様相を呈している。このため、戸建の住宅やマンションなどの集合住宅、学校、官公庁、オフィスビル、タワマン、さらには事務所や公園、広場に防災備蓄倉庫を設置、食料や飲料水、毛布などの物資を備蓄する

写真終-4　貴重な都市近郊の農業菜園（武蔵野市にて）

ほか、地元のスーパーやコンビニなどと協定を結び、災害時の食料や飲料水などの安定供給に努めることが必要である（写真終－4）。

2. 公助・自助・互助・共助のベストミックス

(1) 政府・自治体と国民・住民の連携

第二は、公助、自助、互助、共助のベストミックスである。なぜなら、災害対策は政府および自治体の公的責任としての公助をベースとしながらも国民・住民の自助や互助、被災地以外の市民の災害ボランティアや支援物質、義援金・支援金の提供などの共助がなければ災害の規模を最小限に食い止めることができないのは地方も大都市も同様だからである。

具体的には、従来の社会保障の概念に〈災害保障〉、および社会福祉に高齢者や障害者、児童、妊婦など災害時要配慮者も対象とした社会福祉としての〈災害福祉〉を加え、政府および自治体は日本国憲法第25条に定める国民の生存権を保障すべく、災害対策基本法にもとづき、だれでも住み慣れた地域で健康で文化的な人間らしい最低限度の生活を営み、かつ安全・安心な防災福祉コミュニティを形成すべきである。[8]

とりわけ、国内にある２０００以上の活断層のうち、今後、M７クラス以上の大規模地震を発生させるおそれのある相模トラフや駿河湾トラフ、上町断層帯、南海トラフなど約100を中心に災害や気象、交通情報、自治体のハザードマップなどのデーターを政府は一元化、ビッグデータやオープンデータとしてアーカイブ（記録保存）し、だれでもSNS（ソーシャルネットワーキングサービス）によってこれらの災害情報を入手、共有し、自助や互助、共助に当たることができるよう、発信する。同時に、周辺の原発の事故が同時に発生する「複合災害」を想定した防災基本計画を改定し、減災はもとより、避難者の補償・賠償など生活再建や甲状腺がんの診察、医療支援など必要な措置を講ずるべきである。

そこで、政府は2017（平成29）年、全国に配備している消防防災ヘリコプターにヘリコプターテレビ電送システムや赤外線カメラなど高度化した機材、消火用タンク、ヘリコプター用衛星電話の整備に対し、補助をして大規模災害における航空消防防災体制の強化を図るべきである。また、人口衛星へ災害映像を送り、リアルタイムな被害状況の把握や緊急消防援助隊の派遣を急ぐべきである。

一方、自治体はこのような政府の方針を受け、災害防止条例の制定や地域防災計画の改定を通じ、高潮防波堤の設置やかさ上げ、水門の監視や迅速な開閉、埋立地や低地、湾岸地区などの地震や津波、洪水、石油コンビナートの石油流出やガスタンクの爆発、火力発電所の出火、地滑りなどの危険個所の情報公開、さらに帰宅困難者の一時避難施設の指定、地下鉄や地下街の浸水対策、防災行政無線など災害情報の強化、周辺の火山ハザードマップ、原子力災害防災区域の指定、ＳＰＥＥＤＩ（緊急時迅速放射能影響予測ネットワークシステム）による計測の公表、消防団員の募集や防災士など人材の育成などに努め、避難計画の策定や自主防災組織の拡充を図るべきである。また、災害時相互応援協定や受援協定を拡大し、被災地の状況に応じ、全国の自治体に対し、応援職員の派遣を要請する被災地応援スキームを整備・拡充し、避難所の運営をはじめ、災害ボランティアや支援物質、義援金・支援金の受け入れや被災者の救助や捜索、被災者への罹《り》災証明書の交付を通じ、被災者生活再建支援金などの支給や住民税、国民健康保険料などの減免、生活再建のための融資や仮設住宅への入居の斡旋《あっせん》の迅速化を図るべきである。同時に、企業など事業所にも協力を要請し、官民一体となった防災福祉コミュニティの形成に努めるべきである。

一方、国民・住民も食料や飲料水などの備蓄や非常用持ち出し袋の常備、建物の耐震化はもとより、寝室や子ども、高齢者などがいる部屋、玄関や通路などに倒れそうな家具などを置かず、窓ガラスに飛散防止用のフイルムを張ったり、自宅や周囲が木密か、ブロック塀や雑居ビルなど壊れやすい構造物や建物がないか、確認すべきである。とくに高層、あるいは超高層のオフィスビルやタワマンの場合、「新耐震基準」かどうか見定め、それ以前の場合、耐震化、以後の場合、耐震性が高いほか、一度に避難すると何百人、何千人もの規模になるため、場合によっては在宅避難も可能なよう、日ごろから町内会や自治会、管理組合などを通じて自主防災組織に参加、避難計画をつくり、食料や飲料水、毛布などの備蓄や避難訓練を積み重ねておきたい。また、市町村の地域防災計画やハザードマップで指定された避難経路や避難場所、SNSによる災害情報の発信や共有に努める一方、幸い、被災しなかった場合、被災者の救助や被災地の支援など共助に努めたいものである（写真終－5）。

(2)　地域福祉と地域防災の融合

上述したように、東京、大阪、名古屋の三大都市圏ともいずれも何万人か

写真終－5　自治体と施設、住民の連携によって災害時要配慮者の支援も（武蔵野市にて）

ら何千人と消防職員や消防団員、また、消防車や救急、消防艇、ヘリコプターなどを擁し、災害時に備えているが、消防団員は少子高齢化や本業とのからみで応募する中年世代が少なく、また、行政の財政難も手伝い、そのなり手や予算の不足で頭を痛めているのが実情である。

現に、都道府県全体の災害対策費をみると、２０１７（平成27）年度の決算額は約１４５６億円と同年度の普通会計歳出決算額に占める割合はわずか０・２９％である。それも消防防災ヘリコプターや防災機材、防災施設の整備・管理運営費、消防学校費、危険物および高圧ガス取り締まり、火災予防、国民保護対策に必要な事務費などにとどまっている（表終－１、写真終－６）。

ちなみに、２０１６（平成28）年度の一般会計予算の総額は約９６・７兆円だが、このうち、災害対策費は同45億５１００万円にとどまっており、図終－１には明示できないほど少額である。このような傾向は２０１７～２０１８（平成29～30）年度も変わらず、62億３８００～71億９０００万円と微増にとどまったままである[9]。

一方、市町村社協は地域福祉と地域防災との融合を図り、住民参加[10]にもとづく公私協働により、平常時、高齢者や障害者、児童、妊婦など災害時要配慮者の見守りや安否確認など自助や互助に努め、その絆を生かし、災害時、被災者の救助や捜索、避難生活および生活再建の支援、帰宅困難者の保護、復旧・復興などに努めたい。

表終 -1　都道府県の普通会計歳出決算額と防災費決算額等の推移

普通会計歳出決算額（A）	防災費決算額（B）	（B）／（A）× 100	Bのうち市町村に対するもの	
			補助金	貸付金
49,834,598	124,495	0.25	16,331	196
49,994,743	147,377	0.29	7,329	220
50,509,289	145,641	0.29	5,937	143

出典：総務省『消防白書』（平成 27 年版）2018 年（単位：百万円、％）

写真終 -6　なり手が減っている消防団員（西東京市にて）

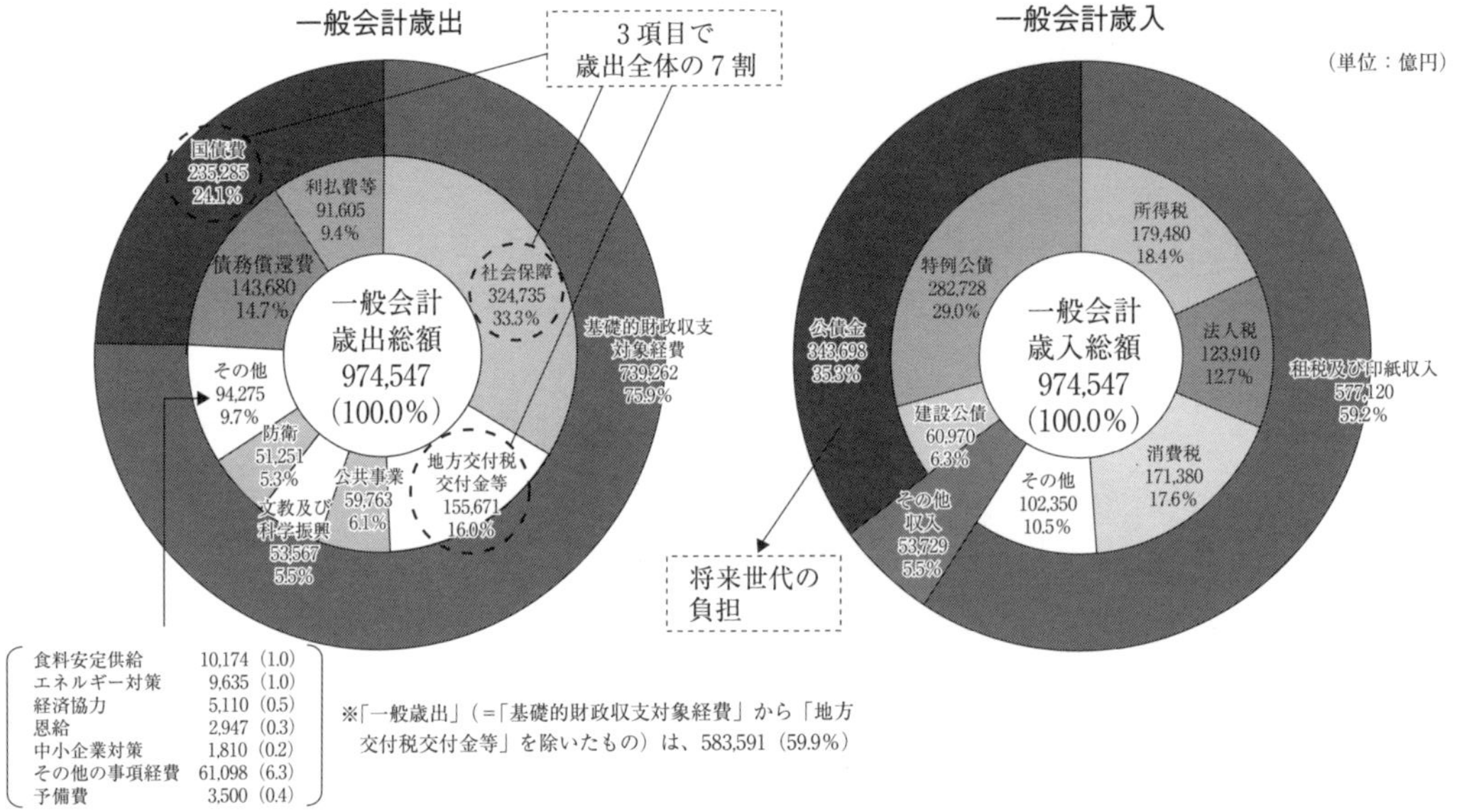

図終 -1　2016 年度政府一般会計予算
出典：財務省ホームページ、2018 年 4 月 28 日検索。

具体的には、市町村の地域福祉計画や地域防災計画と市町村社協の地域福祉活動計画を一体的に策定、または連携し、消防、警察、自衛隊、自主防災組織による防災教育や救命講習会、防災訓練、図上訓練、防災キャンプ、災害時における避難所の運営をはじめ、災害ボランティアや支援物資、義援金、支援金の受け入れ・配分・配給などを通じ、被災者の救助や捜索、被災者の支援などである。

また、社会福祉施設や病院にあっては被災後もそれぞれの事業が継続され、必要なサービスが担保されるよう、ＢＣＰ（事業継続計画）を策定し、被災者同士における感染症などの非常事態にも対応できるようにしたい。さらに、消防団員の定員の確保や防災士の育成など人材や各種情報の発信力のある人材をリストアップ、人材バンクを立ち上げたり、地元の企業など事業者はもとより、福祉系大学なども学生ボランティアや教職員による地域への社会貢献活動に努め、分断社会から共生社会へと止揚すべく努めたい。

とりわけ、三大都市圏にあっては人口規模が甚大なため、地域福祉計画や地域福祉活動計画および地域防災計画における日常生活圏域は市域全域と小・中学校区だけでなく、市全域、行政区、小・中学校区、マンションや団地、木密の町内会や自治会などというように五層に地域割りし、小地域福祉計画や地区防災計画を一体的に策定し、政府の防災基本計画および東京都、大阪府、愛知県の地域福祉支援計画および東京特別区（23区）、大阪市、名古屋市の地域防災計画と連携すべきである（写真終－7、図終－2）。

そのうえで、それぞれの地域の地勢や断層帯（活断層）、活火山、原発や過去の災害の有無、社会福祉施設や病院、スーパー、コンビニ、防災士など地域におけるヒト・モノ・カネなどの社会資源、あるいは血縁や地縁、社縁などソーシャルキャピタル（社会関係資本）を把握し、通勤・通学経路、学校、職場など周辺に危険箇所がないか、チェックしたり、町内会や自治会、管理組合、自主防災組織によって自治体のハザードマップや図上訓練、市街地の危険箇所の調査、SNSや無人航空機「ドローン」による情報収集・共有、

写真終 -7　地域防災に関心を持ち始めた社協
（東京都新宿区の都社協にて）

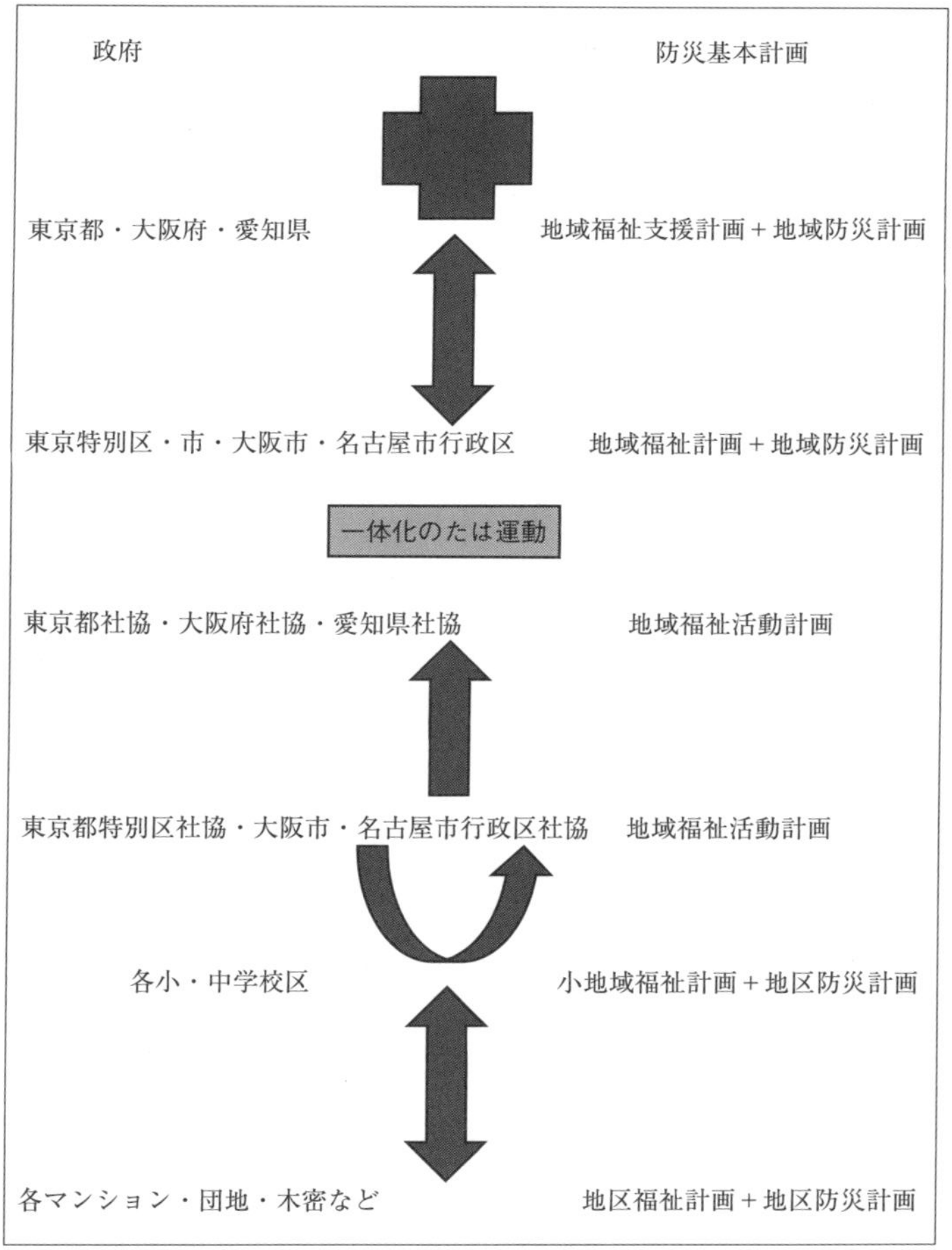

図終 -2　地域福祉計画・地域福祉活動計画・地域防災計画における日常生活圏

出典：拙著『地域福祉とソーシャルガバナンス』中央法規出版、2007 年、180 ページを一部改変。

公民館やコミセン、公園、学校、ＮＰＯや企業など事業者のビルや事務所、工場、グラウンドなどでの防災キャンプや防災学習、タイムライン（防災行動計画）、トリアージ（識別救急）やＤＭＡＴ（災害派遣医療チーム）などを活用し、「災害関連死」や自殺者などを出さないよう、地域防災力を強めるべきである。

とりわけ、三大都市圏の場合、迷路のような繁華街に中小の雑居ビルや木密が多いため、災害時、ビルやネオン、広告塔、立て看板、街路灯、電柱、ブロック塀、自動販売機などの倒壊や落下によって死傷するおそれがないか、確認する。また、過去に大規模災害があったか、自治体のハザードマップを見たり、インターネットや新聞報道、郷土史、古老の聞き取りなどで情報を入手したり、再発の危険性を警告した遭難碑があるか、郷土史をひもといたり、神社や寺院を訪ねたりしてチェックする。さらに、災害時、いずれの社会福祉施設や病院が避難場所や福祉避難所、医療救護所として指定されているか、確認する一方、ＳＮＳや市民ラジオ、ドローン、ＡＩ（人工知能）などを利活用すべきである。

なお、障害者にあっては身体、知的、精神などの障害の種別に配慮し、よりきめ細かな対応が必要なため、医師や看護師、保健師、社会福祉士、精神保健福祉士などソーシャルワーカーなどの専門職を配置し、災害前後の心身のケアを行う。また、在日、あるいは観光などで来日中の外国人には複数の外国語で災害情報や避難情報などを提供、安全を確保すべく、地元の外国語系大学や専門学校などの協力を得て支援に努めるべきである。

具体的には、社会福祉士はホームヘルパー（訪問介護員：介護職員初任者研修修了者）やケアマネジャー（介護支援専門員）、医師、看護師、保健師、薬剤師、救命救急士、防災士、カウンセラー、栄養士、臨床宗教師[11]などと連携し、被災者、とりわけ、高齢者や障害者、児童・妊婦など災害時要配慮者の救援や各種相談、見守り、安否確認、カウンセリング、生活再建などに努めたい[12]。（写真終－8）。

写真終－8　自助・互助・共助によって被災者を支援（武蔵野市にて）

（3） 応援・受援協定と後方支援

最後は、他の自治体や社協、ＮＰＯや企業など民間事業者との災害時相互応援協定や受援協定を拡充し、災害時、都府県外への分散避難や近隣への集団避難、県外移転を考えた後方支援を依頼しておくべきである。なぜなら、関東大震災や阪神・淡路大震災、濃尾地震などを検証するまでもなく、三大都市圏での災害は大規模になり、被災者の救助や捜索、避難生活の支援、生活再建、復旧・復興などきわめて困難だからである。

具体的には、姉妹都市提携を結んでいる近隣の自治体や友好都市、介護保険事業などで設けている広域連合、また、過去、大規模災害時、応援に派遣した職員を通じた縁を重視し、関係する自治体や社協と災害時相互応援協定を結び、災害時、災害ボランティアとして支援を受け入れる。逆に支援したり、支援物資の輸送および仕分けや配給、義援金や支援金を送金したりするなど、「広域災害」に努めるべきである。

たとえば、東京圏の場合、平日の昼間、首都直下地震に襲われた場合、自宅まで10キロメートル以上の帰宅困難者は約４７１万４０００人、また、隣接の神奈川、千葉、埼玉県からの流入者を加えると同５１７万人に及ぶため、これらの県のほか、場合によっては浅間山、草津白根山などの火山があるものの、これといった断層帯がないため、過去に大規模災害がない群馬県に広域避難するなどの方策も考えられる。

これに対し、大阪圏では現在、これといった断層帯がないうえ、大規模災害もない岡山県などとの姉妹都市提携や災害時相互応援協定、あるいは受援協定を結び、災害時、被災者への食の安定供給や長期の避難生活を引き受けてもらうべく、避難生活用の住宅やホテル、旅館、民宿、ペンションを避難場所として支援を受ける。

また、三大都市圏の庁舎のなかには「新耐震基準」はおろか、「旧耐震基準」にも満たず、補強してしのいでいるため、移転・新築が計画されているところもあるが、その場合、高台で地盤が強い総合防災庁舎としての設計、施工および業務、さらには災害時、職員がただちに参集可能な職員住宅や区社協、病院、社会福祉施設との併設や連携が望まれる。もっとも、東京圏などは地下の高騰や用地の不足のため、困難なところも少なくないため、公有地や国などの遊休地、大手企業や工場の移転に伴う跡地の払い下げなどで活路を見いだすことが必要である（写真終-9）。

一方、名古屋圏は周辺に活断層のない県が少ないため、深刻である。このため、偶然、被災を免れたり、比較的小規模な被災地の県に避難し、支

写真終-9　老朽化し、移転・新築が計画されている庁舎
（北区王子の北区役所庁舎にて）

援を受けることを検討すべきである。

いずれにしても、それぞれの自治体は過去の災害を風化させないため、震災遺構は遺族など関係者の理解と協力を得て保存するとともに家庭や学校、地域でそのための防災教育に努め、防災に全力をあげる一方、災害時、政府や自治体、警察、消防、自衛隊、一部社会福祉施設や病院などと連携し、陸海空の三面作戦のほか、サイバー空間[13]も駆使する。また、場合によっては国際連合（国連）はもとより、ＮＧＯスイス航空救助隊「ＲＥＧＡ」やスイス災害救助犬協会など国際ＮＧＯなどの支援も受け、被害を最小限に食い止めたい[14]。その意味で、総務省や全国知事会、全国市長会、全国町村会、あるいは広域連合などを通じた災害時相互応援協定や受援協定の締結、あるいは国連防災世界会議への参加により最新情報を入手し、防災や減災に努めることが必要である（写真終-10）。

ちなみに、鳥取県智頭《ちづ》町は２０１０（平成22）年、都市の住民を対象に１人コース１万円、家族２人コース１万５０００円、同３～４人コース２万円の計三つのプランを用意、災害時に被災者を保護し、かつ１日３食、最長７日間、食事を提供して避難生活を支援する。幸い、災害時がなかった場合、相当の農産物を支給する「疎開保険」を制度化、注目されている。

また、岩手県遠野市は１９７８（昭和53）年、Ｍ７・４の宮城県沖地震で同市役所が一部損

写真終 -10　大都市災害への役割が期待される国連
（仙台市での市民防災世界会議の会場にて）

壊したことを受け、２００７（平成19）年、地震・津波災害における後方支援拠点施設整備構想を提唱、市郊外の運動公園に消防署を移転した。そして、自衛隊や警察官、消防団など災害時の支援部隊のベースキャンプやヘリポート、県立遠野病院を被災者の治療や被災地への医師、看護師の派遣などの災害医療拠点、支援物資の集積や給付拠点施設として整備、住民参加による防災訓練を繰り返し、災害に備えた。

そこへ東日本大震災により、各地から急行した災害ボランティアの人たちを受け付ける一方、支援物資の受け入れや仕分け、被災地の要望の聞き取りのうえ、連絡・調整し、宮古、釜石、大船渡、陸前高田市などの被災地に災害ボランティアを派遣したり、支援物質を配給したりする後方支援に努めた。この結果、ややもすれば各地の災害ボランティアや支援物資、さらには職員の被災などで人手不足となり、大混乱する調整機能をみごとに発揮し、「遠野モデル」として高く評価されている。

また、市はその成果を首都直下地震や南海トラフ巨大地震などへの対応の参考にしてもらえればと、2015（平成27）年、同市総合防災センターの一角に当時の活動の写真や記録紙、新聞記事を一堂に集めた遠野市後方支援資料館をオープンし、無料公開しているほか、翌2016（平成28）年、東京都調布市と災害時相互応援協定を締結するなど、複数の自治体との共助による災害対策の充実に努めており、参考にしたい[15]。

3．危機管理体制の確立

(1) 事件・事故対策

最後の第三は、危機管理体制の確立である。なぜなら、三大都市圏は日本の政治・経済・社会などの機能が集中しているため、万一、事件や事故、テロ、有事となれば国内のすべての機能がマヒし、国際社会にも大きな影響を与えかねないからである。

このうち、事件・事故対策では窃盗や詐欺、器物損壊、放火、殺人などの刑法上の犯罪である。とくに最近多いのは買い物客の女性を狙ったひったくりや高齢者に対する振り込め詐欺、インターネットを悪用した通信販売（ネット通販）、相手を特定せず、殺害に及ぶ通り魔や化学薬品の放置などの犯罪である。

一方、新幹線や在来線、地下鉄の脱線や高速道路での自動車やバス、トラックの衝突、カーフェリーの転覆・座礁、航空機の墜落・不時着、石油コンビナートの火災やガス爆発、ドライバーのひき逃げや運転操作ミスによるスーパーやコンビニなどへの衝突事故、高速道路での逆走やあおり運転などの危険行為による交通事故、運送トラックの過重積載による横転事故、雪に不慣れな雪害によるスリップ事故、さらには地震による鉄道事故などである（写真終－11）。

その象徴が２００４（平成16）年、新潟県中越地震によるＪＲ上越新幹線の脱線事故だった。震央に近い長岡市の浦佐－長岡間の滝谷トンネル付近を乗客・乗員１５５人を乗せ、走行中だった東京発新潟行きの「とき３２５号」が新幹線史上初の脱線事故を起こした。事故当時、時速約２００キロに減速していたが、地震動早期検知警報システム「ユレダス」によって非常ブレーキが作動、脱線地点から約１・６キロメートル新潟寄りの長岡駅付近で停車、８両が脱線した。幸い、橋梁からの転落を免れ、死傷者は１人も出なかったが、首都直下地震や南海トラフ巨大地震などが想定されている折、今後、東京、大阪、名古屋の三大都市圏でも同

写真終 -11　事件・事故にも努めた危機管理（武蔵野市にて）

様、あるいはそれ以上の事故が絶対ないとは言い切れない。

現に、名古屋圏では１９９４（平成16）年、台湾の台北発、名古屋行きの中華航空１４０便「エアバス」が名古屋空港へ着陸しようとしたものの、同空港の滑走路への進入中、失速し、墜落、炎上、乗員・乗客２７１人のうち、２６４人が死亡、７人が重傷を負い、１９８５（昭和60）年、群馬県上野村の御巣鷹《おすたか》山の尾根に墜落、乗員・乗客５２４人のうち、５２０人が死亡した日本航空１２３便の事故以来、国内史上ワースト２、また、国内の空港で起きた航空機事故としては史上最悪だった。しかも、このような空港は東京圏に東京国際空港（羽田空港：大田区）をはじめ、港区六本木の赤坂プレスセンターにヘリポートを併設した在日米軍施設や府中通信施設（府中市）、多摩サービス補助施設（多摩、稲城《いなぎ》市）、自衛隊と併用の国内最大の米軍基地の横田基地（福生市）や厚木基地（神奈川県大和、綾瀬、海老名《えびな》市）、アメリカ海軍原子力潜水艦の寄港基地の横須賀港などもあるため、有事への緊急事態への対応も懸念されている。

また、大阪圏には関西国際空港（泉佐野、泉南市、田尻町）、大阪国際空港（伊丹空港：豊中、池田市、兵庫県伊丹市）、神戸空港（神戸市中央区）、名古屋圏に中部国際空港（常滑《とこなめ》市）、県営名古屋空港（小牧空港：愛知県豊山町）などがあり、一部で航空自衛隊と併用、また、日米安全保障条約や日米地位協定、航空法にもとづき、横田、岩国（山口県岩国市）、嘉手納《かでな》（沖縄県嘉手納町）基地の上空最高７０００メートルまでは在日米軍機のみ飛行が専用の制限空域となっているため、いつ、なんどき、沖縄県宜野湾市のアメリカ軍普天間基地の軍用機の墜落や不時着、部品の落下などの事故やトラブル、果ては高レベル放射性物質の拡散などがないとも限らない（写真終-12）。

現に、１９７７（昭和52）年、横田基地空域

（手前は有事用のヘリポート。左後方は六本木ヒルズ）

写真終-12　東京のど真ん中にある米軍施設

の横浜市緑区（現青葉区）にアメリカ軍偵察機「ファントム」が墜落、市民2人が死亡、6人が負傷、民家1棟が全焼、3棟が損壊したものの、アメリカ兵はパラシュートで脱出、捜査も受けないまま帰国した。また、2018（平成30）年4月、同基地配属のアメリカ軍輸送機が基地周辺の羽村市の市立中学校のテニスコートに訓練中のパラシュートを落下、あわや大惨事になるなど、沖縄県で相次ぐ米軍機の墜落や不時着、トラブル並みの事故が続いている。

そこで、政府は2005（平成17）年に制定、施行している緊急事態基本法や内閣法にもとづき、総理大臣が詰める首相官邸の地下に内閣危機管理監を常設、緊急事態の発生を受け、官邸連絡室と官邸対策室、また、災害が激甚な場合、総理大臣の判断によって緊急災害対策本部をそれぞれ設け、危機管理に当たることになった。

しかし、対米従属の外交などを続けているうえ、〝継割り行政も是正されていないだけに、さまざまな事件や事故にどこまで対応できるか、懸念がある。関東大震災では「朝鮮人や社会主義者が放火した」などのデマが飛び交い、自警団や憲兵などが5000〜6000人ともいわれる在日朝鮮人や大杉栄などの社会主義者を殺害したという事件まで引き起こしている。

(2) テロ対策

次に、テロ対策である。なぜなら、三大都市圏、なかでも東京圏は国内の政治・経済・社会などあらゆる機能が集中しているからである。その象徴的な事件が三菱重工爆発事件とオウム真理教（現アレフ）による地下鉄サリン事件である。

このうち、前者は過激派組織、東アジア反日武装戦線「狼《おおかみ》」が1974（昭和49）年、第二次世界大戦を日本による侵略戦争とし、日本有数の機械メーカーで、かつ防衛（兵器）産業を手がけている東京都千代田区丸の内の三菱重工業をねらった無差別爆弾テロ事件で、同本社ビル1階の出入り口のフラワーポットの脇に時限爆弾を仕掛け、同社の社員ら計8人を爆死させたものである。

これに対し、後者はオウム真理教が阪神・淡路大震災が起こった1995（平成7）年の3か月後、帝都高速度交通営団（現東京メトロ）の地下鉄の車内に戦時中、化学兵器として開発された有機リン化合物系の神経ガス「サリン」や猛毒のVXガスを散布、乗客や乗務員、係員ら計13人が死亡したほか、乗客や通勤のサラリーマンなど計約6300人が負傷したものである。いずれも典型的な無差別大量爆破・殺人事件だが、政府の外交は戦後、約70年経った今なお旧態依然とした対米従属に固執しているため、内外の情勢が混沌《こんとん》とするばかりで、今後もいつ、どこで何が起きるかわからず、突発的な事件・事故への即応性や機動力などに疑問視する向きも少なくない。

また、自治体も近年、災害対策を担当する部署を従来の災害対策室や災害対策課から危機管理室や危機政策課、危機対策課などと名称を改めているところが増えているが、果たして、どこまで突発的な事件や事故に即応できるか、きわめて心もとない。

このようななか、自民党の憲法改正推進本部は大規模災害に備えるため、内閣の権限の強化や衆参両議院の出席議員の3分の2以上の賛成により、任期を延長できる特例などからなる緊急事態条項を盛り込むべく、同法の改「正」案を検討しているが、緊急時の災害への対応については災害対策基本法などで定められており、このような改憲はきわめて疑問である。また、災害への対応を名目に武力攻撃や内乱などによる社会秩序の混乱への弾圧などの乱用も透けて見えるため、十分な監視と国会での慎重な審議が必要である。

それだけではない。他の諸外国に先駆け、自然再生エネルギーを開発中のスイスはもとより、ドイツも東京電力福島第一原発事故を教訓に即、脱原発を表明し、ともに2050年までに電力量の全体の約50%を自然再生エネルギーへの転換をめざしているのに対し、日本は今後、30年以内に使用済み核燃料廃棄物（核のゴミ）の最終処分をめざしているものの、その処分場はいまだに確保できていない。また、廃炉費用は1基当たり約8兆円もかかるものの、原発は重要な電源として「新規制基準」を満たし、かつ地元自治体の同意があれば再稼働を容認することにしているが、まっ先に再稼働した九州電力川内原発など7基のうち、3基は冷却系装置に海水が混入、細管に穴が見つかったり、変圧器周辺の設計ミスで緊急停止したり、蒸気もれでトラブルを招いたりしている。

このほか、東京電力福島第一原発に至っては事故前、15・7メートルの津波が予想されていたにもかかわらず、当時の副社長はその対策の見送りを指示したことが2018（平成30）年4月、業務上過失致死罪で強制起訴された東京地裁の公判で社員が証言する始末である[16]。それればかりか、被曝線量によるがんの発症などの不安が続くなか、政府は2017（平成29）年3月、福島県浪江町など5町村の帰還困難区域の大部分を解除したものの、帰還した住民は元の住民の全体の1割も満たない[17]。にもかかわらず、三菱重工業など原子力プランナーは政府の支援を受け、インドやトルコに輸出するかと思えば、電力事業者は自然再生エネルギーへの転換をめざす自治体やＮＰＯなどに対し、原発の稼働が停止され、余裕のある送電線の利活用を拒否するなどの愚策に出る有様である[18]。

ちなみに、東京圏周辺の茨城県東海村の日本原子力発電東海第二原発は運転40年を迎えるため、今後、さらに20年の運転延長をめざし、2014（平成26）年から「新規制基準」に見合うよう、許認可を得る予定だったが、数千億円規模の追加投資が必要とわかったため、第一原発の6基と合わせ、第二原発の4基も廃炉することを決めた。

いずれにしても、総人口は2018（平成30）年4月現在、約1億2670万人と7年連続で減少しており、このままでは2065年、現在の総人口の約4分の1に相当する同4000万人が減少するため、電力の消費量はその分、不要になる見通しであるにもかかわらず、自公政権は東京電力福島第一原発の1～4号機の除染や廃炉の費用を所得税や電力料金に上乗せしたままである。また、2018（平成30）年6月現在、九州電力川内原発など計5原発、9基を再稼働する半面、事故の際の避難計画の策定の義務づけは原発から半径

（手前左手は常時警戒中の警察車両）

写真終 -13　テロにも要警戒の都心
（東京都千代田区日比谷の皇居前広場にて）

30キロメートル圏内の自治体に限定しているため、東京、大阪、名古屋の三大都市圏の自治体や社協などの危機感はイマイチである。

それだけではない。肝心の東京電力は上述した日本原電東海第二原発の再稼働を支援すべく、資金を支援する方針である。しかも、自公政権は長崎型の原子爆弾（原爆）約６０００発をつくることができるプルトニウムを今後も有し、かつアメリカの極東戦略の一翼を担い、追従しているため、今後の国際情勢によってはテロの標的や核戦争に巻き込まれかねず、すべての原発を即、廃炉にすることこそ最大のテロ対策であることを自覚すべきである（写真終－13）。

(3)　有事への備え

そして、きわめつけは有事への備えである。なぜなら、三大都市圏のなかでも東京圏は、上述したように横田基地や横須賀基地、六本木の米軍関連施設、府中通信施設、多摩サービス補助施設、横田基地、厚木基地、横須賀港、さらには東京都など1都8県の首都圏の上空最高７０００メートルまでの空域はアメリカ軍の専用となっているため、政治情勢が激動するなか、いつ、なんどき、ゲリラや特殊部隊をはじめ、外国からの武力攻撃、すなわち、核兵器や大陸間弾道ミサイル、化学剤などの攻撃の目標にされかねないからである。

また、その目標が皇居や首相官邸、中央省庁、日本の代表的な大企業の本社、および外国政府大使館が集中する日比谷や赤坂をはじめ、霞が関や永田町、虎ノ門、丸の内、銀座、さらには日本一乗降客が多い新宿をはじめ、渋谷や池袋、東京駅などの主要ターミナル、新幹線、羽田空港に弾道ミサイルなどが打ち込まれたらどうなるか。現在の危機管理体制では覚束《おぼつか》ないのは、2018（平成30）年、政府と東京都、文京区が東京圏の同区で初の大陸間弾道ミサイルの発射を想定した避難訓練をしたものの、参加した区民や区内に勤務するサラリーマンなどわずか約350人で、かつ通行車両の騒音などでJアラート（全国瞬時警報システム）の警報のサイレンが聞き取れなかったり、会場周辺で北朝鮮情勢を利用し、防衛費を増強しようとする意図だと抗議する都民もみられたことでも明らかなように不安だらけである。

そこで、政府は2005（平成17）年、国民保護法にもとづいて国民保護基本方針を定め、都道府県および市町村に国民保護計画、日本赤十字社（日赤）や日本放送協会（NHK）、電気・ガス・輸送・通信事業者などの指定公共機関に国民保護業務計画を作成、武力攻撃事態などに備えている。

とりわけ、朝鮮半島の非核化や南北統一問題が急展開しているにもかかわらず、自公政権は北朝鮮の大陸間弾道ミサイルの攻撃に対峙すべく、アメリカにいわれるまま巡航ミサイルや垂直離着機「オスプレイ」などを大量に購入、日米同盟を強化し、大陸間弾道ミサイルの開発や実験を断念させるため、拉致《らち》家族の早期帰国が求められているなか、対米従属のまま対話よりも圧力の方を強めている。さらに、沖縄の普天間基地に配備中の「オスプレイ」10機、要員約450人が2020年9月までに横田基地に移動されるほか、米国製最新鋭戦闘機「F35B」が発着できるよう、アメリカ海軍横須賀基地（横須賀市）に配備中の原子力航空母艦「ロナルド・レーガン」と連携、尖閣《せんかく》諸島や南西諸島などの離島防衛、中国やロシア、北朝鮮をにらんだ外交を展開すべく、2018（平成30）年度末に改定する中期防衛力整備計画（中期防）のなかで防衛費の大量計上をもくろんでいる[19]。

このため、懸念されるのは防衛費の増強による社会保障給付費や災害対策費など、国民生活に直結した政策の縮減と消費税など国民の負担の増大、さらには今後の極東情勢によっては東京圏をはじめ、大阪、名古屋圏も有事に巻き込まれかねないことである（写真終－14）。

ただし、このような外交は国民主権、基本的人権の尊重、平和主義を三大原則とする日本国憲法に違反するため、特定の国や地域を仮想敵視した対米従属の強権政治を改め、永世中立を国際社会に宣言し、平和外交と専守防衛に徹すべく、アメリカによる日本の植民

写真終－14　東京五輪を控え、特別警戒が続く東京圏
（渋谷～吉祥寺間の京王井の頭線車内にて）

地化を目的化した日米安全保障条約および日米地位協定、さらには日米原子力協定などを廃棄し、いずれの国とも中立の平和外交を展開すべきである。

「愚者は経験に学び、賢者は歴史に学ぶ」――。

ところが、日本は過去の災害の歴史はおろか、経験にもろくに学ばず、毎年同じような災害に見舞われていながら避難所の避難者にはいまだに毛布一枚しか支給されていないところが大半である。

また、肝心の政治も戦後70年を過ぎても、一貫して対米従属や政官財の癒着を改めないばかりか、むしろ増強させている。にもかかわらず、景気の回復だけを望む国民も国民で、今一度、国をあげてこのドイツのビスマルク宰相の名言を思い起こしたい。

そして、少子高齢化や人口減少、ＡＩによるライフスタイルの多様化、また、拡大される一方の格差と貧困による「分断社会」を所得や資産の再分配によって共生社会へと転換すべきである。それはまた、地方、大都市を問わず、国をあげて〝災害列島〟の宿命に立ち向かうべく、国民一人ひとりが平和の追求と人権の尊重を国是《こくぜ》とし、自立と連帯によって防災福祉文化を醸成し、社会福祉の普遍化を通じて〝縦割り行政〟を是正、防災福祉コミュニティを形成し、さらには平和・福祉国家を樹立し、スイスなどの防災福祉先進国の仲間入りをめざすべきである。[20]

いずれにしても、ＧＤＰが世界第三位の経済大国の日本であるため、国民が英知を寄せ集めれば防災福祉コミュニティの形成や防災福祉国家、さらには平和・福祉国家に転換できないはずはない。そのためには「社会の公器」たるメディアの劣化が目立つ今、世界の笑いものにならないよう、対米従属と政財官の癒着による利権誘導、国民生活無視の政治に別れを告げ、国民本位の政治、すなわち、主権者たる国民は義理や人情でなく、財界から政治献金を受けとっていない国家議員を選出すべきである。

そして、東京一極集中を是正し、大都市、地方のいずれでもだれでも健康で文化的な最低限度の生活からＱＯＬ（クオリティ・オブ・ライフ）、さらにはワーク・ライフ・バランスが図られた社会保障、および災害対策など国民生活を最優先する政治の民主化のため、お任せ民主主義から参加型民主主義、すなわち、官僚や特定の政党による国家統治のソーシャルガバメントから国民主権、基本的人権の尊重、平和主義を三大原則とする日本国憲法にもとづく国民協治のソーシャルガバナンスに転換すべきである[21]。そこに防災福祉コミュニティ形成の地平も拓《ひら》かれるのである。

注

（1）メンテナンスには維持管理、安全管理などの意味もある。
（2）鉄道や航空機、船舶などの危難が発生するおそれのある運航障害などの異常事態。
（3）本四連絡橋は１９８８～１９９９年、瀬戸大橋、明石海峡大橋、しまなみ海道の３ルートで、その建設費は総額約２兆９０００億円に上った。しかし、「朝日新聞」２０１８年4月10日付によると、日本高速道路保有・債務機構は地元自治体や国への借金同１兆７０００億円の返済のメドが立っていない。
（4）地震の揺れに伴い、隣接する高層ビル同士がともに揺れ合い、その揺れを増幅したり、衝突し合って損傷したりして被害を増大する現象。東日本大震災の際、東北新幹線が脱線したのはこの共振によって高架橋の揺れが増幅されたのが原因だった。
（5）「The Asahi Sinbun Globe」２０１５年6月21日付。
（6）「朝日新聞」２０１６年12月30日付。
（7）林産物はキノコやタケノコ、ブドウ、クリなどの山菜や果実など。
（8）拙著『防災福祉のまちづくり』水曜社、２０１７年。
（9）政府の予算にはこのほか特別会計もあるが、災害対策費はほとんど変わらない。
（10）住民参加をさらに進めたのが市民自治・主権。くわしくは拙著『地域福祉とソーシャルガバナンス』中央法規出版、２００７年。
（11）宗教や宗派を問わず、ボランテイアで宗教的なケアを行う宗教家。東日本大震災を機に注目されている。
（12）前出『防災福祉のまちづくり』。
（13）コンピュータのソフトやネットワークのように多数の人が利用できる仮想的データ空間。

(14)　前出『脱・限界集落はスイスに学べ』。
(15)　拙著『地方災害と防災福祉コミュニティ』大学教育出版、２０１８年。
(16)　「朝日新聞」２０１８年4月11日付。
(17)　フィンランドは世界で唯一、離島のオンカロ島の岩盤の地下約４００メートルに同2平方キロメートルの核燃料最終処分施設を建設、隔離しているが、向こう１０万年間、地上に出せないほど危険とされている。
(18)　「朝日新聞」２０１８年4月8日付。
(19)　「朝日新聞」２０１８年4月7日付。
(20)　前出『地域福祉とソーシャルガバナンス』、拙著『社会福祉普遍化への視座』ミネルヴァ書房、２００４年、前出『脱・限界集落はスイスに学べ』、拙稿『スイスの防災』榛沢和彦監修『避難所づくりに活かす18の視点（共著）』東京法規出版、２０１８年。
(21)　前出『地域福祉とソーシャルガバナンス』。

おわりに

一口に災害といっても地震や津波、豪雨や台風、豪雪、河川の氾濫、洪水などの風水害、火山噴火などの自然災害、また、原子力災害や窃盗、詐欺、器物損壊、放火、殺人などの事件、さらには新幹線や在来線、地下鉄の脱線や高速道路での自動車やバス、トラックの衝突、カーフェリーの転覆・座礁、航空機の墜落・不時着、コンビナートの火災やガス爆発、ドライバーのひき逃げや運転操作ミスによるスーパーやコンビニなどへの衝突、高速道路での逆走やあおりなどの危険運転による交通事故、陸送トラックの過重積載による横転事故、雪害によるスリップ事故、さらには地震による鉄道事故などの人為的災害とさまざまである。

このほか、大都市ではテロなどの人為的災害も懸念されるように、それぞれの地勢やインフラおよびライフラインの整備状況、住民生活の相違、また、今後、想定される災害の規模によって大きく異なるため、一概にどうこうとはいえない。まして少子高齢社会の本格化や人口減少に伴い、過疎化し、限界集落化している農山村や漁村など地方の一方、戦後73年、総人口減少のなか、急増し、超過密状態となっている東京、大阪、名古屋の三大都市圏が上述したような大規模災害に見舞われれば未曾有の被害を受け、日本の政治・経済・社会の機能は根底から不全となり、〝日本沈没〟となるおそれもある。

このような認識のもと、本書は江戸時代中期、浅間山「天明の大噴火」により上野《こうずけの》国吾妻郡鎌原村（現群馬県嬬恋村鎌原地区）の被災地で数少ない生存者の自助や互助、周辺の村の名主の共助、藩や幕府の公助による生活再建や復旧・復興、さらにはその後、明治から現代までの発展を紹介し、農山村や漁村など地方における災害対策としての防災福祉コミュニティ形成の意義を提起した『地方災害と防災福祉コミュニティ』に続き、大都市災害と防災福祉コミュニティの形成のあり方を述べ、上梓したものだが、その課題や方策をすべて出し尽くしたなどとは毛頭思ってはいない。

それだけに、今後、地方および大都市における災害対策としての防災福祉コミュニティの形成について、防災先進国・スイスなどの最新事情とからめ、国民・住民の防災および減災への実践、また、日本における平和・福祉国家の樹立への研究を続けるつもりである。その意味で、賢明な読者諸兄姉にあっては、今後も忌憚のないご意見やご指導、ご叱正をいただければ幸いである。

2018（平成30）年盛夏

川村匡由

参考文献

1　川村匡由『地域福祉源流の真実と防災福祉コミュニティ』大学教育出版、２０１６年
2　川村匡由『地方災害と防災福祉コミュニティ』大学教育出版、２０１８年。
3　川村匡由『脱・限界集落はスイスに学べ』農文協、２０１６年。
4　川村匡由『地域福祉とソーシャルガバナンス』中央法規出版、２００７年。
5　川村匡由「東日本大震災および東電原発事故と地域福祉」『地方自治　職員研修・臨時増刊』２０１１年７月号、公職研。
6　榛沢和彦監修『避難所づくりに活かす19の視点（別冊『地域保健』）』東京法規出版、２０１８年。
7　宇佐美龍夫『地震と情報』岩波書店、１９７４年。
8　東京都総務局総合防災部防災管理課『東京防災』東京都、２０１５年。
9　兵庫県社会福祉協議会阪神・淡路大震災社会福祉復興本部『大震災と社協』同復興本部、２００６年。
10　警視庁警備部災害対策課「地震のときはこうしよう～あなたと家族の安全ノート～」警視庁、２０１０年。
11　東京都北区健康福祉部健康福祉課「災害時要援護者防災行動マニュアル」北区、２０１２年。
12　静岡県総務部防災協局「避難所運営マニュアル」静岡県、２００７年。
13　避難所・避難生活学会「第３回避難所・避難生活学会、第４回新潟県中越大地震シンポジウム合同開催～希望とヒューマニズムのある避難所・避難生活～」２０１７年。

14 独立行政法人福祉医療機構社会服し振興助成事業「今回震災から学ぶ地域連携と高齢者支援報告書」２０１２年、リブレ
15 「関東の道路　歴史と役割編集委員会編「関東の道路～歴史と役割～」国土交通省関東地方整備局、２０１６年。
16 気象庁HP、http://www.jma.go.jp/
17 内閣府HP、http://www.cao.go.jp/

■著者紹介

川村　匡由　（かわむら　まさよし）

1969年　立命館大学文学部卒。
1999年　早稲田大学大学院人間科学研究科博士学位取得、博士（人間科学）。
現　在　社会保障学者・武蔵野大学名誉教授、福祉デザイン研究所所長、地域サロン「ぷらっと」主宰。山岳紀行家。

主　著
『地域福祉源流の真実と防災福祉コミュニティ』大学教育出版、
『地方災害と防災福祉コミュニティ』大学教育出版、
『防災福祉のまちづくり』水曜社、
『避難所づくりに活かす18の視点（共著）』東京法規出版、
『脱・限界集落はスイスに学べ』農文協、
『介護保険再点検』ミネルヴァ書房、
『地域福祉とソーシャルガバナンス』中央法規出版ほか。

＊川村匡由のホームページ
http://www.geocities.jp/kawamura0515/

大都市災害と防災福祉コミュニティ
― 東京圏、大阪圏、名古屋圏 ―

2018年9月20日　初版第1刷発行

■著　　者――川村匡由
■発 行 者――佐藤　守
■発 行 所――株式会社 大学教育出版
〒700-0953　岡山市南区西市855-4
電話（086）244-1268　FAX（086）246-0294
■印刷製本――モリモト印刷㈱

ISBN978－4－86429－527－7